"El cuidado personal es algo serio, especialmente en las profesiones de ayuda. Esta obra, llena de sabiduría psicológica y anclada en la Escritura, es un salvavidas para quienes están agotados, vacíos, y necesitan devolver el balance a sus vidas".

Dr. Tim Clinton, presidente de la Asociación Americana de Consejeros Cristianos

"Si tú o alguien a quien amas está al borde del *burnout* (agotamiento), el libro de Jonathan Hoover te ayudará enormemente. *Las fracturas por estrés* es tu guía indispensable para recuperar tu vida y disfrutarla".

Georgia Shaffer, psicóloga licenciada en Pensilvania, *coach* profesional certificada (PCC) y autora de *Taking Out Your Emotional Trash*

"*Las fracturas por estrés* ofrece sabiduría profunda desde una perspectiva bíblica. Al ofrecer estrategias integrales, empodera a los lectores para superar el *burnout* físico, relacional, espiritual, laboral y aquel que tienen que ver con la dirección de la vida. ¡Este es un recurso vital para animar a cualquiera en temporadas de agotamiento!".

Dr. Benny Tate, pastor de Rock Springs Church y autor de *Defy the Odds* y *Unlimited*

I0807058

"En *Las fracturas por estrés,* el Dr. Jonathan Hoover presenta una guía completa y profunda para superar el *burnout* y recuperar el bienestar. Hoover ofrece estrategias prácticas que ayudan a los lectores a enfrentar los desafíos de la vida y construir resiliencia. Este libro es lectura obligada para quienes luchan contra el *burnout* o buscan prevenirlo en el futuro".

Dr. Wayne Cordeiro, New Hope Church & College y autor de *Leading on Empty*

DR. JONATHAN HOOVER

LAS FRACTURAS POR ESTRÉS

UNA GUÍA DEFINITIVA PARA TU RECONSTRUCCIÓN EMOCIONAL

WHITAKER HOUSE
Español

A menos que se indique lo contrario, todas citas de la Escritura han sido tomadas de la *Santa Biblia Nueva Traducción Viviente*, © Tyndale House Foundation, 2010. Usadas con permiso de Todos los derechos reservados. Las citas de la Escritura marcadas (NVI) son tomadas de la Santa Biblia, Nueva Versión Internacional® NVI® © 1999, 2015, 2022 por Biblica, Inc.® Usado con permiso de Biblica, Inc.® Reservados todos los derechos en todo el mundo.

LAS FRACTURAS POR ESTRÉS
Una guía definitiva para tu reconstrucción emocional

Publicado originalmente en inglés en 2024 bajo el título
STRESS FRACTURE, *Your Ultimate Guide to Beating Burnout*
por Bethany House Publishers, una división de Baker Publishing Group
Grand Rapids, Michigan

Traducción al español por:
Belmonte Traductores
www.belmontetraductores.com

Editado por Henry Tejada Portales

ISBN: 979-8-88769-423-8
eBook ISBN: 979-8-88769-424-5
Impreso en los Estados Unidos de América
© 2025 por Jonathan Hoover

Whitaker House
1030 Hunt Valley Circle
New Kensington, PA 15068
www.espanolwh.com

Por favor, envíe sugerencias sobre este libro a: comentarios@whitakerhouse.com. Ninguna parte de esta publicación podrá ser reproducida o transmitida de ninguna forma o por algún medio electrónico o mecánico; incluyendo fotocopia, grabación o por cualquier sistema de almacenamiento y recuperación sin el permiso previo por escrito de la editorial. En caso de tener alguna pregunta, por favor escríbanos a permissionseditor@whitakerhouse.com.

2 3 4 5 6 7 8 9 10 11 32 31 30 29 28 27 26

Para mi papá

ÍNDICE

PRÓLOGO

La combustión. Ocurre cuando se raspa un simple fósforo de madera con suficiente fricción para prender el revestimiento de fósforo en su punta roja, negra o del color que sea. La madera del fósforo se convierte en el combustible que la sostiene. ¿El resultado? Calor y luz.

Sin embargo, a medida que el pequeño palillo de madera arde, la llama lo consume gradualmente; o bien su suministro de oxígeno se corta en un instante con solo soplarlo.

Es una analogía sencilla de lo que nos sucede a todos demasiado a menudo al comenzar un nuevo proyecto, un nuevo desafío o una nueva carrera profesional. Estamos emocionados. Altamente motivados. Estamos "prendidos". Vamos a "darle con todo" o "abrir camino". Toda esta energía interna alimenta nuestra ambición ardiente. Hasta que deja de hacerlo.

Es entonces cuando nuestro combustible se acaba. Nuestro suministro proverbial de oxígeno se corta. En un instante, aparece el *burnout*. La desilusión desmantela nuestra visión. El cansancio inmoviliza nuestras acciones. Y, en última instancia, el *burnout* extingue nuestra emoción y motivación, que antes ardían con tanta fuerza. Ya no hay llama de pasión. Ya no hay fuego en el interior. Ni siquiera una chispa.

Esto no es palabrería metafórica. La experiencia de sentirte consumido por aquello que una vez alimentó tu ambición es real. La Organización Mundial de la Salud recientemente incluyó el término coloquial "*burnout*" en la Clasificación Internacional de Enfermedades, y lo denomina un "fenómeno ocupacional".[1] En otras palabras, si te sientes agotado, no es algo imaginario; y estás lejos de estar solo.

Una encuesta reciente a 15 000 trabajadores en quince países descubrió que una cuarta parte de ellos experimentaba síntomas de *burnout*.[2] El *burnout* está en su punto más alto en todas las profesiones.[3]

Necesitamos ayuda.

Aquí entra en juego mi amigo y colega, el Dr. Jonathan Hoover. En *Las fracturas por estrés*, Jonathan habla desde la cima de una montaña de investigaciones que ha estado escalando por años. Y no solo eso; también integra sabiduría bíblica para ayudar con destreza a todos los que están experimentando los estragos del *burnout* (o conocen a un colega o ser querido que lo está). Jonathan habla desde el corazón, y su mensaje es sólido e inmensamente práctico.

Este libro te ayudará a reavivar la pasión que creías perdida. Te ayudará a redescubrir el calor y la luz que anhelas, tanto personalmente como profesionalmente. Prenderá la mecha de la sanidad para reparar tus fracturas por estrés.

Dr. Les Parrott
Seattle, Washington

1

¿NIETZSCHE O RICITOS DE ORO?

Hace años atrás, terminé en un vuelo de medianoche de Los Ángeles a Dallas. Cansado y ligeramente molesto por la cancelación de mi vuelo directo a casa más temprano ese mismo día, hice mi mejor esfuerzo por mostrar una actitud amistosa hacia el pasajero sentado a mi lado, quien aparentemente quería charlar. Me contó que trabajaba en el negocio de la computación y que estaba volando a Dallas para ver a su esposa e hijos después de estar fuera por tres semanas. Estaría en su casa menos de veinticuatro horas antes de tomar un vuelo nocturno hacia su próximo compromiso de trabajo.

Intentando seguir la conversación, le pregunté por qué su agenda era tan apretada. Respondió que su negocio había despegado enormemente en los últimos doce meses, generando enormes ganancias y creando una carga de trabajo aplastante. Últimamente había estado ocupando sus días (y algunas noches) apagando incendios, calmando los nervios de los miembros de la junta, tomando decisiones financieras clave, lanzando visión, contratando personal importante, viajando de un lugar de trabajo a otro, recolectando capital para nuevas expansiones, y supervisando las finanzas de la empresa.

En ese punto, yo ya estaba intrigado. "¿Cómo logras hacer todo eso y mantenerte física y emocionalmente saludable?". Me preguntaba si realmente estaba saludable. Su respuesta fue clásica:

"Bueno, ya sabes lo que dicen: lo que no te mata te hace más fuerte". Forzó una sonrisa; pero sus ojos cansados delataron la falta de sueño.

"¿Estás seguro de que eso es cierto?".

Su sonrisa desapareció, bajó la mirada (rompiendo el contacto visual), y con un tono reservado y triste respondió: "No, pero espero que sí". Mientras decía esas palabras se volteó hacia la ventana, y pude ver que nuestra conversación había dado un giro desagradable para mi nuevo amigo genio de la computación. Miraba por la ventana mientras las luces de la pista del aeropuerto pasaban a toda velocidad y despegábamos.

Era momento de cambiar de tema. "¿A qué te dedicas?", me preguntó.

"Soy pastor y *coach* de vida", respondí. "Me especializo en ayudar a parejas en crisis y líderes sobrecargados".

Pareció complacido al escuchar eso y preguntó si estaba dispuesto a ofrecer algo de *coaching* de vida gratuito. Durante la siguiente hora, yo escuché y él habló.

Aunque su vida laboral no podía estar mejor, su vida personal era decepcionante. Su matrimonio era un ejemplo de ello. Parecía que cada vez que su negocio alcanzaba un nuevo nivel de éxito, su matrimonio se volvía más tenso. Anteriormente, él y su esposa tenían un matrimonio excepcionalmente sólido, pero ahora las cosas eran diferentes. En los últimos meses habían comenzado a cuestionar si podían seguir juntos. El matrimonio le parecía vacío y sin sentido, y sentía que decepcionaba constantemente a su esposa. Ella a menudo se quejaba de que estaba cansada de competir por su atención. Sentía que el negocio la había reemplazado y que solo recibía las sobras de su tiempo y atención.

Mientras tanto, él se sentía poco apreciado. ¿Por qué a ella no le importaba que él fuera tan exitoso? ¿Por qué parecía infeliz cuando él trabajaba tan duro?

El estrés familiar no se limitaba a su matrimonio. Recientemente había sentido que sus hijos se distanciaban de él también. A pesar de su agitada agenda laboral, trataba de ser un buen papá. Asistía a partidos, recitales y presentaciones siempre que era posible, y trataba de mostrar un interés genuino por las vidas de sus hijos. Pero, según él, no era suficiente. Se había sentido como un extraño en la mesa cuando estaba en la casa, especialmente en los últimos cuatro o cinco meses. Los niños no parecían tener el mismo interés en conectar con él, y sus intentos de cerrar la brecha no estaban funcionando. Admitió con tristeza: "Ahora cuando viajo, extraño a mis hijos más que antes, pero parece que ellos me extrañan menos".

Físicamente, estaba hecho un desastre. Admitió que no estaba comiendo bien, durmiendo lo suficiente ni cuidándose adecuadamente; y todo ese descuido personal estaba rompiendo la racha de buena salud que había tenido toda su vida. Durante la mayor parte de su vida había logrado mantenerse alejado de los médicos. Raras veces estaba enfermo, y cuando lo estaba, se recuperaba rápidamente y con facilidad. Pero ahora lidiaba con un malestar tras otro, pasando mucho tiempo en consultas médicas. Últimamente estaba convencido de que debía estar enfermo por lo mal que se sentía; sin embargo, aunque los médicos lo reprendían por su estilo de vida poco saludable, no le diagnosticaban nada en particular. "Vaya ironía", dijo con una risa amarga. "Ahora que finalmente estoy convencido de que estoy enfermo, me siguen diciendo que estoy bien".

Vi una lágrima solitaria que recorría un lado de su rostro. Señalándola, dijo: "Y esto también; ahora lloro. Nunca he sido de llorar. ¿Qué pasa con eso?".

Explicó que últimamente estaba emocionalmente inestable. Sentía que era innecesariamente brusco con su equipo. Se irritaba y frustraba con facilidad, y eso se había convertido en un patrón que ahora estaba afectando su vida social. "Cuando solo les gritaba a los empleados, pensaba que era algo que los jefes tienen que hacer a veces. Pero cuando comencé a hacerlo con amigos, supe que algo iba mal".

Luego habló sobre la ansiedad. Últimamente se había convertido en un gran problema. Ahora era propenso a miedos irracionales que crecían hasta convertirse en montañas de escenarios de lo peor y que no sabía cómo abordar. Sin embargo, no hablaba mucho de ellos con otros, porque sentía que no era apropiado que un líder estuviera ansioso. Recuerdo que pensé que debía sentir una tremenda cantidad de presión interna.

Entonces la conversación tomó un breve giro espiritual. Como mencioné que yo era pastor, supongo que sintió la obligación de compartir que hacía mucho tiempo que no asistía a la iglesia. Después de explicar tímidamente que nadie podría mantener su agenda y asistir regularmente, bajó la voz y la mirada. "Tal vez estoy demasiado ocupado para Dios. Espero que eso no sea realmente cierto".

Me sorprendió la ironía. Después de todo, el vuelo apenas había comenzado cuando parafraseó la idea de Nietzsche de que "lo que no te mata te hace más fuerte". De alguna manera, este pobre hombre había llegado a creer que el modo de tener éxito en la vida era esforzarse más siempre. Parecía decirse a sí mismo: *Sigue adelante, porque mientras tengas pulso, tienes la capacidad de hacer más, y hacer más con el tiempo te hará mejor.* Pero la realidad era oscura: este hombre había estado esforzándose más durante mucho tiempo, y no estaba mejor. Estaba peor.

SABEMOS QUE NO ES CIERTO

Si Nietzsche tenía razón (o Kelly Clarkson, si lo prefieres)* y lo que no te mata siempre te hace más fuerte, entonces cuanto mayor sea tu nivel de estrés, mejor. ¿No es así? Si la lógica es correcta, entonces, cuanto más estrés soportes, mayor debería ser la recompensa. Por supuesto, la parte de "lo que no te mata" suena un poco siniestra. Incluso en esta lógica defectuosa parece haber un reconocimiento de que, en algún momento, el estrés te matará. Y ciertamente lo hará. Pero por alguna razón hemos comprado la idea de que cualquier estrés que no sea fatal es beneficioso en el largo plazo. Si hiciéramos una gráfica para representar esta idea absurda, tendríamos que poner el estrés y la recompensa en la misma línea; por eso llamo a la idea de "lo que no te mata te hace más fuerte" una visión lineal del estrés. Como puedes ver en la gráfica a continuación, cuanto más estrés soportes, mayor será la recompensa eventual. Eso, por supuesto, hasta que cometes el desafortunado error de estresarte hasta morir, momento en el cual no obtienes ningún beneficio. Si

* Nota del editor: Kelly Clarkson es una cantante estadounidense que incluyó la frase de Nietzsche "lo que no te mata te hace más fuerte" en una popular canción de 2011.

llevas la idea de Nietzsche hasta su conclusión lógica, una persona obtiene los mejores resultados cuando soporta una dosis casi fatal de estrés. Y sabemos que eso no es cierto.

FIGURA 1.1

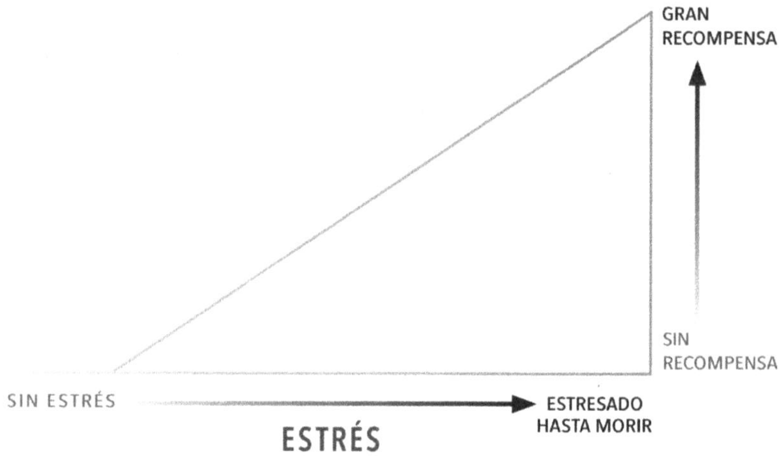

Francamente, no creo que ninguno de nosotros realmente crea que lo que no te mata siempre te hace más fuerte. Creo que es tan solo algo tranquilizador que nos decimos a nosotros mismos cuando sabemos que nuestra carga de estrés se está descontrolando. Cuando la tensión de nuestra carga laboral se vuelve casi insoportable, es agradable y calmante decirnos que estaremos mejor al final si logramos salir adelante. Es un modo de resolver la disonancia cognitiva que sentimos cuando nos damos cuenta de cuánto nos está costando realmente nuestra carga de estrés, pero no estamos preparados para hacer algo al respecto; sin embargo, no estamos siendo sinceros con nosotros mismos. Después de todo, en casi todas las demás áreas de nuestras vidas nos reiríamos de la idea de que no existe tal cosa como "demasiado" de algo.

La mayoría de nosotros argumentaríamos que *demasiado de algo bueno es malo*, pero parece que olvidamos esto cuando hablamos del estrés. Puede que te gusten las camas firmes, pero no por ello vas a comenzar a dormir sobre una losa de cemento. Tal vez te guste la energía que te da una bebida con cafeína en la mañana, pero probablemente no ingerirías cafeína pura (eso puede ser fatal). Quizás te guste que tu familia extensa visite tu casa, pero es poco probable que les pidas que vivan contigo para siempre.

La verdad es que cuando se trata del aire acondicionado en tu hogar, la hierba de trigo en tu batido de proteínas, el volumen de tu televisor, y miles de otras cosas que influyen en tu vida diaria, probablemente tiendes a estar más de acuerdo con Ricitos de Oro que con Nietzsche. El "demasiado poco" existe, igual que "demasiado" y también ese punto medio que se siente como "lo justo".

Las empresas farmacéuticas, que están legalmente obligadas a respetar el principio de que demasiado de algo bueno es malo, intentan averiguar dos cosas al probar un nuevo medicamento. En primer lugar, quieren saber cuánta cantidad del medicamento debe administrarse para que sea siquiera ligeramente *efectivo*. Obviamente, si tienes un dolor de cabeza y tomas solo una fracción de la dosis recomendada es poco probable que te sientas mejor. La compañía farmacéutica debe saber cuánto del medicamento se necesita para que funcione. Una vez que encuentran ese número, saben cuál es la dosis *beneficiosa* del medicamento.

Entonces siguen aumentando la dosis en las pruebas hasta descubrir cuánta cantidad del medicamento hace falta para comenzar a producir efectos secundarios desagradables o simplemente dejar de funcionar. En ese punto, aunque el medicamento había sido *beneficioso* anteriormente, se ha cruzado una línea y ahora es *perjudicial*.

El estrés funciona de la misma manera. Hay un nivel en el que el estrés es beneficioso (a veces el estrés en estas cantidades se llama *eustrés* o, literalmente, estrés bueno), pero si tienes una sobredosis de estrés, este se vuelve perjudicial (*distrés* o, literalmente, estrés malo).

Aquí tienes otra manera de pensar sobre el estrés bueno y el estrés malo: si hiciéramos una gráfica para ilustrar la verdad sobre esa relación entre el estrés y la recompensa de la que hablaba antes, *no obtendríamos una línea recta. Obtendríamos una curva en forma de campana.*[1]

En el lado izquierdo de la curva, donde una persona no experimenta nada de estrés, siente las consecuencias físicas y emocionales de la futilidad. Sin estrés bueno, puede volverse letárgica, deprimirse e incluso enfermarse. Pero a medida que experimentamos una cantidad razonable de estrés bueno y aceptamos el desafío, nuestro desempeño mejora. *Y, para la mayoría de nosotros, especialmente si amamos lo que hacemos, la sensación de aceptar el estrés y mejorar gradualmente, es adictiva.* El problema es que es tentador creer que siempre funcionará de esa manera.

Sin embargo, una vez que alcanzas la cima de la curva del estrés del gráfico anterior, se produce un cambio muy peligroso y silencioso. En ese punto, si presionas más obtendrás peores resultados. Lo que siempre ha mejorado tu desempeño (asumir más estrés), ahora perjudicará tu desempeño. He aquí el porqué: cuando experimentas estrés, tu cuerpo se prepara para manejar el desafío. Más concretamente tus sistemas nervioso, inmunológico, endocrino, cardiovascular y musculoesquelético (entre otros) liberan sustancias químicas, hormonas y provocan cambios físicos para hacer frente a las demandas que se presentan.[2] Pero, como ocurre con cualquier prescripción, es peligroso si la dosis se sale de control.

FIGURA 1.2

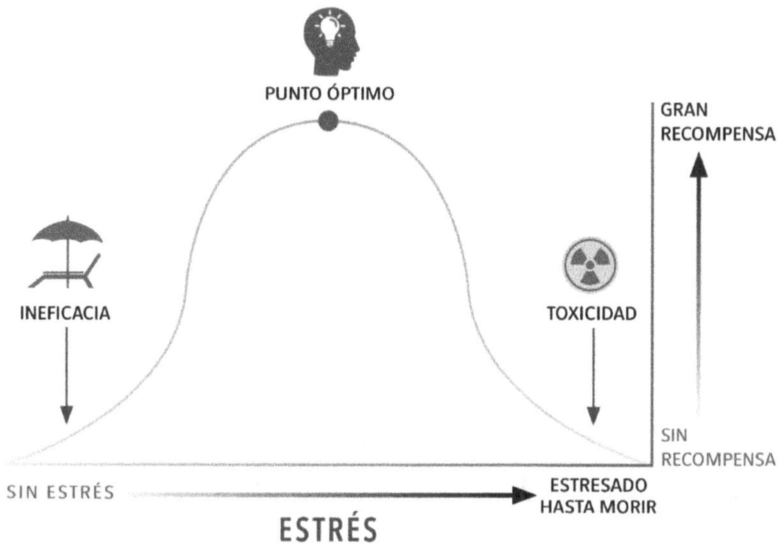

Anteriormente hablé sobre cómo las compañías farmacéuticas trabajan para encontrar la dosis adecuada de medicamentos para que sean beneficiosos. Podemos usar ese mismo ejemplo para entender cómo funciona realmente esa curva en forma de campana. Supongamos que consultas a tu médico sobre un dolor muscular que has estado sintiendo, y tu médico te receta veinte miligramos de un medicamento que debería relajar tus músculos y ayudar a tu cuerpo a recuperarse. Si decides no seguir las instrucciones del médico y, en cambio, tomas solo un miligramo del medicamento, es probable que no experimentes mucho alivio. En la gráfica anterior, tomar una cantidad tan pequeña del medicamento te situaría en el lado ineficaz de la curva.

Por otro lado, si decides tomar cuatrocientos miligramos del medicamento podrías morir. En la gráfica anterior, eso correspondería a la idea de toxicidad. Es importante recordar que algo bueno, como la respuesta natural de nuestro cuerpo al estrés, puede volverse altamente tóxico si recibimos demasiado.

En pocas palabras, si la dosis de estrés en nuestras vidas es demasiado alta, obtenemos peores resultados.

Quizás esté insistiendo demasiado en el punto, pero aquí tienes otro ejemplo de este concepto fundamental: piensa en lo que ocurre cuando haces ejercicio en el gimnasio. Una rutina de ejercicios saludable coloca a tu cuerpo bajo un nivel estratégico de estrés. Esperas obtener un beneficio al levantar cierta cantidad de peso o completar un determinado número de repeticiones de un ejercicio específico. Sabes que, si sigues tu régimen estratégico y le das a tu cuerpo el tiempo adecuado de recuperación entre los entrenamientos, obtendrás beneficios para la salud y te harás más fuerte.

Pero, por otro lado, si exageras y superas tus límites razonables, pasas de un estrés estratégico, bueno y saludable, a un estrés malo, poco saludable y dañino. Levantar demasiado peso, por ejemplo, o repetir entrenamientos demasiado rápido sin un descanso adecuado entre ellos, en realidad detiene el crecimiento muscular en lugar de desarrollarlo.

Los atletas profesionales pueden ser los que más empujan sus cuerpos más allá del punto del estrés positivo hacia el estrés tóxico y negativo. El deseo incesante de ganar los lleva a esforzarse increíblemente durante los entrenamientos; tanto, que llegan más allá de lo que sienten que son capaces de hacer. No es sorprendente que a esto lo llamen *sobreentrenamiento.*[3] En las últimas décadas, algunos han determinado que el sobreentrenamiento puede ser beneficioso para un atleta si se combina con una excelente nutrición, un descanso sustancial, y límites razonables. A esto se le llama *sobreentrenamiento funcional.*

El sobreentrenamiento funcional es el punto óptimo en la cima de la curva en forma de campana. Es en este nivel donde una persona se esfuerza un poco más allá de su zona de confort y de sus capacidades naturales. Pero los atletas que practican el sobreentrenamiento funcional se aseguran de descansar tanto como se esfuerzan, dando a su cuerpo la oportunidad de recuperarse de la tensión. Ambos elementos son cruciales para encontrar tu propio punto óptimo en la curva de estrés. Si estás en el punto óptimo, *tu carga de estrés debería estirarte un poco, pero no aplastarte.* Y *debes descansar tanto como te esfuerzas.* Cuanto mayor sea tu carga de estrés, más cuidadoso tendrás que ser para dar a tu mente y cuerpo la oportunidad de recuperarse.

Desgraciadamente, muchos atletas se exceden del punto óptimo, sin obtener los nutrientes y el tiempo de recuperación necesarios. Cuando cometen este error, puede afectar tanto su rendimiento, que algunos atletas sobreentrenados deben tomarse un descanso del deporte que aman. Cuando un atleta se esfuerza demasiado o ignora su necesidad física de recuperación, esto se llama *sobreentrenamiento no funcional,* y se considera una amenaza grave para su carrera. Si una persona continúa en un patrón de sobreentrenamiento no funcional, puede llegar un momento en el que alcance un punto llamado *síndrome de sobreentrenamiento,* en el cual todo su cuerpo paga el precio por haberse esforzarse demasiado, lo que a menudo resulta en enfermedades o depresión. Algunos atletas sobreentrenados descubren que nunca pueden regresar a su deporte, al menos no a un nivel profesional.

Y, dado que esta condición ha causado que muchos talentos excepcionales se alejen de sus carreras atléticas, se le ha dado un nombre oficial al fenómeno: *síndrome de sobreentrenamiento*.[4] Es un gran riesgo para los atletas que están en proceso de llegar a la cima.

Cuando una estrella en alza de la natación olímpica está entrenando en la piscina, es tentador tratar de aguantar treinta vueltas más, incluso después de que su cuerpo le haya dicho que se detenga hace una hora. Es tentador para el ciclista esforzarse por recorrer veinte kilómetros más cuando sus piernas están rígidas y su ritmo cardíaco comienza a volverse irregular. Y si llegaran a pensar que tal vez no sea prudente, podrían decirse a sí mismos que "lo que no los mata los hará más fuertes".

El atleta sobreentrenado, ahora más sabio, pero con una experiencia desagradable, te dirá la verdad: *lo que no te mata puede casi matarte*. Y ciertamente puede enfermarte y quitarte la capacidad de hacer lo que amas.

Es fácil creer que los trofeos más grandes los ganan las personas que se exigen más allá de sus propios límites; personas que demandan de sí mismas un rendimiento casi sobrehumano. Pero la verdad es que *los mejores resultados no ocurren más allá del punto óptimo*.

Si el modelo de la curva en forma de campana del estrés es correcto (y lo es), entonces podemos suponer que los mejores resultados posibles para un alto rendimiento (atlético o de otro tipo) ocurren en la cima de la curva: ocurren en la cantidad óptima de estrés. *Cuando una persona se esfuerza más allá del punto óptimo, obtiene peores resultados; es así de sencillo.* En esencia, cuando una persona se esfuerza demasiado, pasa la cima de la curva y termina en la zona de toxicidad. Desgraciadamente, muchas personas no entienden que la razón por la que comienzan a rendir menos es porque se están esforzando demasiado; en cambio, suponen que no se están esforzando lo suficiente y por eso se exigen más, esperando solucionar el problema, y lamentablemente solo lo empeoran.

Dependiendo de cuán estresado estés, *es posible que tengas que dejar de esforzarte tanto para obtener mejores resultados.* Suena contradictorio, pero es cierto.

Compartí esta idea con mi compañero de viaje nocturno mientras volábamos hacia Dallas, y él reflexionó sobre ella. "Pero, si realmente estoy en el lado tóxico de la curva, ¿por qué mi negocio va tan bien?", preguntó. Era una pregunta razonable.

En realidad, no es raro que al menos una parte de tu vida esté yendo bastante bien incluso si estás demasiado estresado. Tristemente, el éxito en esa única área puede darte una falsa seguridad, llevándote a creer que todo está realmente bien. Si quieres entender la clase de impacto que está teniendo el estrés en tu vida, debes alejar el foco y mirar tu *rendimiento personal bruto.*

TU RENDIMIENTO PERSONAL BRUTO

Mientras hablaba con mi nuevo amigo en el avión, aparté mis cacahuates de la aerolínea y escribí seis letras en mi servilleta: P E R S O N (persona en inglés). "No eres solo un hombre de negocios", le recordé, "eres una persona; por lo tanto, hay más de un área en tu vida en la que los resultados son importantes".

Entonces terminé de escribir las palabras relacionadas con cada una de las letras:

***P**hysical* (Física)
***E**motional* (Emocional)
***R**elational* (Relacional)
***S**piritual* (Espiritual)
***O**ccupational* (Laboral)
***N**avigational* (Direccional)

A continuación, le pedí que calificara cada aspecto. Le pregunté: "¿Qué tan satisfecho estás con cómo te sientes físicamente, en una escala del 1 al 10?".

"Un 3, supongo", respondió. Continuamos calificando los otros aspectos. En una escala del 1 al 10, calificó su bienestar emocional con un 2. Cuando le pregunté cómo estaba en el ámbito relacional, incluyendo el trabajo, la familia y las amistades, lo calificó con un 3. Espiritualmente, se calificó con un 2. En lo laboral, dijo que estaba muy bien; un 9. Y en lo direccional (que representa la satisfacción de una persona con el rumbo de su vida y si siente que puede impactar positivamente su futuro), se calificó con un 2.

Así es como se veía su gráfica.

¿Ves el problema? Claro, su vida laboral puede tener un 9, pero si haces una media de sus calificaciones en las seis áreas de su vida, obtienes un número que yo llamo su rendimiento personal bruto, y esa puntuación es un 3. No es la gráfica de una vida saludable. Esta gráfica dice: *En el trabajo estoy arrasando. Fuera del trabajo estoy siendo arrasado*. Esta gráfica dice: *Estoy en modo de supervivencia*.

FIGURA 1.3

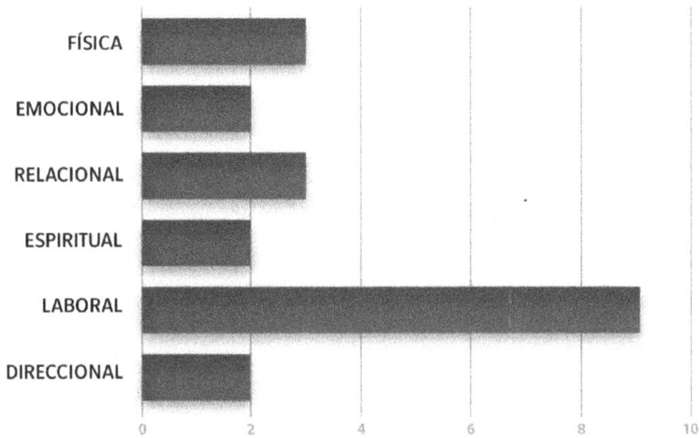

MODO DE SUPERVIVENCIA

Bajo el capó de mi auto hay una computadora muy inteligente. Les dice a las bujías cuándo encenderse, decide cuánta gasolina enviar a los inyectores, y monitorea cuánto aire entra por el colector de admisión. A diferencia de los autos más antiguos, una microcomputadora decide cómo utilizar mejor los elementos de la combustión (aire, combustible y chispa) para hacer que mi experiencia al volante sea eficiente, confiable y agradable. Mientras el sistema funcione correctamente, toma decisiones basadas en lo que es eficiente.

Sin embargo, si los sensores dejan de funcionar o la computadora tiene una avería, el auto entra en lo que se suele llamar *modo de supervivencia*. En este modo, el auto sabe que algo va muy mal. En ese momento el objetivo del auto cambia. En lugar de eficiencia, el objetivo ahora es simplemente mantener el motor funcionando hasta llegar al taller de automóviles más cercano. En modo de supervivencia, el algoritmo no está diseñado para promover decisiones *inteligentes*, está diseñado para promover la *supervivencia*.

Eso es lo que sucede en la tabla PERSON que vimos antes. Ese hombre está indudablemente en modo de supervivencia. Cuando cruzó a la zona tóxica, una parte de él se dio cuenta de que si intentaba estar en un 9 en todas las áreas de su vida, terminaría detenido al lado de la carretera; por lo tanto, hace tiempo que abandonó la eficiencia. Ahora simplemente hace lo que sea necesario para sobrevivir. Mantiene esa puntuación alta en el trabajo, pero está sufriendo seriamente en todos los demás aspectos.

Este es el problema con el modo de supervivencia: mientras podamos seguir adelante, es tentador creer que todo está bien. Muchas personas han arruinado sus motores porque no se dieron cuenta de cuán urgentemente su auto necesitaba atención cuando estaba en modo de supervivencia. Vieron la luz de revisión del motor. Sintieron el letargo cuando pisaban el acelerador, pero seguían manejando por la carretera. Y mientras seguían en movimiento, no se preocupaban; sin embargo, *el modo de supervivencia nunca es una estrategia de largo plazo.* Mi nuevo amigo en ese vuelo necesitaba saber que mientras más tiempo permaneciera en modo de supervivencia, más probable sería que su 9 en el trabajo comenzara a bajar. Eventualmente toda la gráfica se desplomaría si no hacía algo al respecto.

¿CUÁLES SON LAS OPCIONES?

Hasta ahora solo he compartido información teórica, y aún queda más teoría por llegar, pero también hay una pregunta práctica que debemos comenzar a abordar ahora mismo. ¿Cuáles son las opciones para mi nuevo amigo genio de la computación, a quien conocí en ese vuelo nocturno? Evidentemente está quemado, muy pasado del punto óptimo de desempeño y atrapado en modo de supervivencia, por lo tanto: ¿qué debe hacer?

Y ¿qué debes hacer tú si sufres *burnout*?

Para responder a esa pregunta, regresemos al ejemplo de entrenar en el gimnasio. Supongamos que un día decides que te has estado exigiendo demasiado y eso está provocando resultados contraproducentes. Tal vez estuviste levantando pesas, pero en lugar de obtener buenos resultados te das cuenta de que tu cuerpo está sobrecargado y agotado. Si ese es el caso, tienes tres opciones. Primero, podrías decidir levantar menos peso. Segundo, podrías elegir levantar el peso de una manera diferente. O, finalmente, podrías tomar decisiones saludables fuera del gimnasio que te ayuden a estar mejor preparado para levantar peso en el gimnasio.

Estas tres opciones están disponibles para una persona que está sobrecargada de estrés, como el caballero con el que hablé en el avión. Primero, podría decidir reducir su nivel de estrés. Esta, de entre las tres estrategias, es normalmente la más difícil de aceptar. La mayoría de nosotros no creemos que muchos puntos de nuestra agenda puedan eliminarse, aunque eso simplemente no es cierto.

La mayoría de nosotros somos muy capaces de reducir nuestra carga de estrés sin que el mundo llegue a su fin catastróficamente. Sin embargo, no te preocupes, pues nunca trataré de convencerte de que te conformes con malos resultados, ni sugeriré que aprendas a ser feliz con la mediocridad. Mi promesa es esta: siempre que hablemos de *reducir el peso* que estás levantando, lo haremos con el propósito de *aumentar tu rendimiento personal bruto,* no reducirlo.

A veces, por supuesto, no es una opción reducir el peso que estás levantando. Cuando ese es el caso, vale la pena hacer una pausa y considerar *cómo* lo estás levantando. En ocasiones, el paso más práctico y positivo que puedes dar es abordar el peso del estrés de manera diferente. Así como podría forzar mis músculos levantando pesas en el gimnasio si el asiento de la máquina no está ajustado correctamente, o si no uso el grupo adecuado de músculos para cargar el peso, es posible que la carga del estrés diario se vea agravada por la forma en que lo abordamos. Los ajustes que necesitamos hacer pueden parecer pequeños, pero al final pueden tener un gran impacto.

Finalmente, así como podría tener más éxito en el gimnasio si eligiera no comerme una docena de donas de chocolate y una botella de dos litros de refresco justo antes de entrenar, muchos de nosotros podríamos enfrentar mejor el estrés si tomáramos algunas decisiones saludables de vida para combatir sus efectos. Este último paso práctico es el que tiene una aplicación universal. No siempre podemos reducir el peso que levantamos, y a veces no hay ajustes que hacer, pero siempre podemos mejorar a la hora de tomar decisiones saludables.

El resto de este libro se centrará en cómo usar estos tres enfoques para recuperar tu vida. En los capítulos siguientes hablaremos de cómo ganar la batalla contra el *burnout* y regresar al punto óptimo en lo físico, lo emocional, lo relacional, lo espiritual, lo laboral y lo direccional.

CAPÍTULO 1

PREGUNTAS DE DISCUSIÓN PARA GRUPOS PEQUEÑOS

1. ¿Cuál es tu opinión personal sobre la idea de que "lo que no te mata te hace más fuerte"?

2. ¿Alguna vez te has esforzado más allá del punto óptimo de estrés? ¿Cómo fue esa experiencia para ti?

3. Antes hablamos del "modo de supervivencia". Esto ocurre en la vida cuando no tenemos suficiente energía para ser eficientes, por lo que nuestra energía se destina a la supervivencia. ¿Has tenido alguna vez un momento en el que estuviste en modo de supervivencia? ¿Cómo afectó eso tu trabajo y tu vida personal? ¿Cómo saliste de ese modo?

4. También hablamos sobre la diferencia entre el estrés bueno y el estrés malo. ¿Cuáles son algunos ejemplos de estrés bueno y estrés malo en tu vida?

5. ¿Cómo puede un cristiano vivir de la mejor manera estas dos realidades: 1) somos finitos y tenemos energía limitada, y 2) servimos a un Dios infinito?

¿ESTÁS TENIENDO UN *BURNOUT*?

1. Detesto ir a trabajar.

Completamente de acuerdo	De acuerdo	Neutro	En desacuerdo	Completamente en desacuerdo
5	4	3	2	1

2. Últimamente las personas me hacen sentir muy cansado.

Completamente de acuerdo	De acuerdo	Neutro	En desacuerdo	Completamente en desacuerdo
5	4	3	2	1

3. He comenzado a sentirme desanimado conmigo mismo en el trabajo o desanimado con mi entorno laboral.

Completamente de acuerdo	De acuerdo	Neutro	En desacuerdo	Completamente en desacuerdo
5	4	3	2	1

4. Últimamente estoy más olvidadizo.

Completamente de acuerdo	De acuerdo	Neutro	En desacuerdo	Completamente en desacuerdo
5	4	3	2	1

5. Me he dado cuenta de que soy más impulsivo que antes.

Completamente de acuerdo	De acuerdo	Neutro	En desacuerdo	Completamente en desacuerdo
5	4	3	2	1

6. Últimamente me desconecto mentalmente o sueño despierto más que antes.

Completamente de acuerdo	De acuerdo	Neutro	En desacuerdo	Completamente en desacuerdo
5	4	3	2	1

7. Me resulta más fácil que antes frustrarme con la gente.

Completamente de acuerdo	De acuerdo	Neutro	En desacuerdo	Completamente en desacuerdo
5	4	3	2	1

8. He estado más ansioso o preocupado últimamente, en especial en el trabajo o con respecto a mi trabajo.

Completamente de acuerdo	De acuerdo	Neutro	En desacuerdo	Completamente en desacuerdo
5	4	3	2	1

9. En mi centro de labores, miro a las demás personas con las que trabajo y pienso: *No tienen ni idea de cuán estresado estoy.*

Completamente de acuerdo	De acuerdo	Neutro	En desacuerdo	Completamente en desacuerdo
5	4	3	2	1

10. Me resulta casi imposible *desestresarme* en la casa.

Completamente de acuerdo	De acuerdo	Neutro	En desacuerdo	Completamente en desacuerdo
5	4	3	2	1

11. Creo que estoy más reactivo emocionalmente que antes.

Completamente de acuerdo	De acuerdo	Neutro	En desacuerdo	Completamente en desacuerdo
5	4	3	2	1

12. Si me fuera de vacaciones para descansar durante una semana, estaría realmente deprimido al final de las vacaciones por pensar en regresar al trabajo.

Completamente de acuerdo	De acuerdo	Neutro	En desacuerdo	Completamente en desacuerdo
5	4	3	2	1

13. Cuando pienso en cosas que podrían ayudarme a *desestresarme* (por ejemplo, delegar tareas o tomar un descanso), hay razones por las que ninguna de ellas puede ocurrir.

Completamente de acuerdo	De acuerdo	Neutro	En desacuerdo	Completamente en desacuerdo
5	4	3	2	1

14. Creo que mi estrés me está causando desconexión en las relaciones interpersonales que son importantes para mí.

Completamente de acuerdo	De acuerdo	Neutro	En desacuerdo	Completamente en desacuerdo
5	4	3	2	1

15. Siento que no tengo la energía necesaria para continuar.

Completamente de acuerdo	De acuerdo	Neutro	En desacuerdo	Completamente en desacuerdo
5	4	3	2	1

CÓMO PUNTUAR ESTA ENCUESTA:

Suma todos los números que marcaste. Después, compara tu resultado con la siguiente tabla.

Sin *burnout*/ *burnout* ligero	*Burnout* moderado	*Burnout* alto	*Burnout* muy alto
15-40	**41-50**	**51-65**	**66-75**

* Esta tabla no está validada científicamente; solo es para usarse como regla general.

2

SUPERRATAS

En el capítulo 1 hablé de la conversación que tuve en un vuelo con un hombre de negocios que sufría *burnout*. La historia es de hace un tiempo atrás. Desde entonces, he completado mi doctorado en psicología organizacional, y además de mis responsabilidades ministeriales y de la facultad universitaria, he comenzado mi profesión como investigador de *burnout*. Mirando atrás a esa conversación, estoy seguro de que el problema principal que ese hombre enfrentaba era un caso severo de *burnout*. El término *burnout* (agotamiento) es sin duda una excelente imagen de su condición. Vienen a la mente imágenes como una bombilla fundida o un fósforo quemado. Este pobre hombre era muy parecido a una bombilla que ya no da luz porque su energía se ha consumido; sin embargo, después de leer este capítulo creo que tendrás una comprensión aún más profunda de por qué pienso que el hombre del avión sufría *burnout*, especialmente cuando entiendas la teoría de las superratas.

Está bien, ese término es mío... *superratas*. Proviene de un experimento realizado por Hans Selye, quien es reconocido como el padre de la investigación moderna del estrés.[1] Él es en gran parte responsable de acuñar el término *estrés* tal como lo usamos hoy. Cuando redactó su trabajo académico original, realmente no existía un término que encajara, así que usó el término *agentes nocivos*.[2] Me alegra que haya encontrado algo un poco más pegadizo. Selye es famoso por estudiar el estrés en animales (como ratas) para aprender cómo los seres humanos también podrían responder al estrés. Hizo innumerables experimentos, y seis décadas después, su trabajo sigue siendo fundamental para quienes desean entender la ciencia que hay detrás del estrés y el *burnout*.

Uno de los experimentos menos conocidos de Selye siempre me ha fascinado, especialmente ahora que me he enfocado más en estudiar el *burnout*. A veces, Selye usaba la temperatura para estresar a las ratas. En un momento, colocó a algunas de las ratas de su laboratorio en un refrigerador casi helado.[3] Al principio, a las ratas les costó adaptarse al frío extremo, pero después de un tiempo comenzaron a prosperar en él. Sus cuerpos desarrollaron maneras de combatir el frío, como almacenar mayores cantidades de grasa bajo la piel y desarrollar pelajes más gruesos. Se convirtieron en lo que me gusta llamar *superratas*. Aunque inicialmente batallaron contra el frío, finalmente se adaptaron para manejarlo.

En este proceso de adaptación, los cuerpos de las ratas ajustaron sus demandas al entorno estresante y lograron operar en una situación menos que ideal. Entonces, Selye se puso más creativo. Tomó a algunas de las superratas y las colocó en un entorno aún más frío. Selye ya sabía que si colocaba a ratas normales en ese entorno superfrío, morirían. Pero, curiosamente, las superratas sobrevivieron. Al menos sobrevivieron por un tiempo. Su adaptación les permitió vivir más tiempo en un entorno que sería fatal para las demás; sin embargo, después de varias semanas, las superratas alcanzaron un punto en el que la adaptación ya no podía mantenerse. Y murieron. Curiosamente, incluso si se sacaba a una superrata de ese refrigerador superfrío y se la devolvía al refrigerador menos frío en ese punto de *burnout*, aun así moría.

Está bien, pero... ¿cómo aplica esto a ti? Igual que las superratas, tienes la capacidad de adaptarte a entornos estresantes. Al principio puede que batalles contra una situación muy estresante, pero a menudo encontrarás la manera de adaptarte con el tiempo; y al final incluso puedes parecer un experto manejando el estrés que se te presenta. Te estás adaptando. Pero lo que nos enseña la historia de las superratas es que la energía de adaptación es un recurso limitado. Solo tienes cierta capacidad para adaptarte. Después de cierto punto, no hay más espacio para ajustes y sientes todo el peso del estrés. Por lo general, es ahí cuando se produce el colapso. Ahí ocurre el *burnout*.

Y el Dr. Selye descubrió con sus superratas que no es suficiente, en un momento de *burnout*, simplemente reducir un poco el estrés. Tendrás que alejarte completamente del estrés el tiempo suficiente para descubrir cómo abordar lo que aparentemente fue *demasiado durante demasiado tiempo*. Solo entonces tendrás la capacidad de reiniciar el proceso de adaptación de manera eficaz.

Si quieres ver las teorías del Dr. Selye en tu propia vida, probablemente puedas hacerlo simplemente mirando atrás a algún tiempo estresante que hayas tenido. Ya sea como jefe, padre, cuidador o cualquier otro papel, probablemente al principio sentiste que no podrías manejarlo. El Dr. Selye llamaba *alarma* a esa etapa de estrés.[4] Es la etapa que nos dice que estamos enfrentando algo más grande de lo que podemos manejar cómodamente.

Por ejemplo, los estudiantes universitarios de primer año suelen pasar por una fase de alarma en sus primeros días lejos de su casa. La separación de los padres, las clases de nivel superior, los horarios y los edificios desconocidos a menudo se combinan y producen ansiedad. A lo largo de los años, muchos padres han tenido que convencer a sus hijos de no subirse a un avión y regresar a la casa, donde la vida podría no haber sido tan abrumadoramente estresante. La razón por la que los padres animan a sus hijos a quedarse es porque saben que, después de unos días, el estrés será reemplazado por una nueva normalidad. El estudiante aprenderá dónde están los edificios, se sentirá cómodo en las clases, y aprenderá a prosperar lejos de la casa. Esa es la etapa que el Dr. Selye llamó *adaptación*. Como discutimos antes, esa es la etapa que separa a las ratas de las superratas.

Al igual que a otros investigadores del *burnout*, es la tercera etapa del estrés del Dr. Selye, llamada *cansancio extremo*, la que particularmente me interesa. No todo el mundo llega a ese nivel de estrés. Por ejemplo, los estudiantes universitarios que mencioné anteriormente, con suerte, no llegarán a esta tercera etapa; y con suerte no se esforzarán tanto por adaptarse que se queden sin energía para ello. Pero algunas personas hacen precisamente eso. Comienzan a dar por sentado su capacidad de adaptarse y, cuando lo hacen, gastan toda la energía de adaptación que tienen y se quedan sin los recursos internos que necesitan para enfrentar el estrés.

Cuando pienso en dar por sentada la capacidad de adaptación, pienso en un amigo que tuve en la universidad cuyos padres, bastante acomodados, le cargaban mensualmente una suma de dinero en una tarjeta para sus gastos mientras estaba estudiando. Él nunca les preguntaba cuánto le enviaban, y creo que ni siquiera se molestaba en mirar cuánto le depositaban. Cuando necesitaba dinero, siempre parecía tenerlo a la mano, así que lo gastaba. Con el tiempo se volvió más agresivo con sus gastos, y recuerdo el día que intentó hacer una compra y su tarjeta fue rechazada porque había gastado más de lo que le habían depositado. Estaba sorprendido. Era como si nunca hubiera imaginado que llegaría un momento en el que necesitaría más dinero del que tenía. ¡Qué metáfora tan perfecta para esta idea de la energía de adaptación!

Cada día despertamos con nueva energía para enfrentar desafíos y dificultades, pero esa energía no es ilimitada; sin embargo, algunos actuamos como si lo fuera. Algunos de nosotros gastamos más energía de adaptación cada día, empujándonos continuamente más allá, esperando poder adaptarnos a cualquier cosa que se nos presente. Pero eso no es verdad. Con el tiempo, llegarás al pozo y estará seco. El cheque será rechazado, por así decirlo, y descubrirás que te comprometiste con más de lo que razonablemente puedes manejar. Y ese momento de *burnout* llega con algunas características desagradables. Descubrirás, igual que las superratas, que no puedes simplemente sacudirte el *burnout*. No podrás cancelar un par de reuniones o tomar un viaje de una noche y superarlo. El *burnout* es algo serio. Requiere un cambio importante en la manera en que vemos el recurso de la energía de adaptación. Tenemos que comenzar a pensar en ello como la paga de mi compañero que mencioné antes. Sí, la energía para adaptarse es un recurso renovable, pero no es un recurso infinito.

¿QUÉ ES EL *BURNOUT*?

La mayor parte de lo que sabemos sobre el *burnout* proviene de una de las investigadoras más reconocidas en la psicología del estrés: la Dra. Christina Maslach. Lo que voy a compartir contigo no es algo original mío (los términos que vienen a continuación: *agotamiento emocional, despersonalización* y *disminución de la sensación de logro personal* son suyos), así que si quieres entender el *burnout*, aquí tienes una breve introducción.

El *burnout* ocurre debido al estrés descontrolado durante un periodo prolongado (demasiado y por demasiado tiempo). Y, por lo general, ese estrés se da en el contexto de trabajar con personas. Esto es importante, porque *el burnout es un problema relacional y también personal*. Afecta el modo en que tratas a los demás. De hecho, esto fue lo que motivó el inicio del estudio del *burnout*. La Dra. Maslach se interesó en el hecho de que algunas personas en profesiones orientadas al trato con personas (abogados, médicos, trabajadores sociales, etc.) llegaban a agotarse y con el tiempo perdían la capacidad de entregarse a sus clientes. Al final se volvían retraídas y se desanimaban con respecto a su trabajo. Al observar esta dinámica, notó que el *burnout* era un problema bidireccional, perjudicando tanto al individuo agotado, que ya no tenía nada más para dar, como a las personas a las que debía servir.[5] Por ejemplo, el abogado agotado paga un precio porque se siente demasiado exhausto como para levantar el teléfono y llamar a su cliente. Y el cliente paga un precio porque su abogado está mentalmente ausente. Esta es la razón por la que me apasiona estudiar el *burnout*: cuando una persona está agotada, todos pierden. Y ahora que sabemos que el *burnout* es contagioso,[6] argumentaría que no solo afecta al consumidor y al proveedor, sino también a la comunidad. Debemos tomar en serio el *burnout*, o nuestro mundo sufrirá. Esto es lo que implica:

AGOTAMIENTO EMOCIONAL

El trabajo de la Dra. Maslach indica que la primera parte y la más importante del *burnout* es una especie de agotamiento extremo de nuestra energía emocional.[7] Recuerda que todos tenemos cierta cantidad de energía de adaptación, que es un recurso finito. La energía más relevante en esta discusión es la energía emocional para adaptarse. El estrés de la vida es, quizás, más que cualquier otra cosa, una batalla *emocional* que libramos diariamente. Cuando nuestra carga de estrés es razonable, tenemos suficiente energía de adaptación para manejar el torbellino emocional que llega con el estrés. Por la neuropsicología sabemos que para aquellos que tienen una capacidad cerebral particularmente fuerte de funcionamiento ejecutivo, la batalla emocional del estrés puede incluso pasar algo desapercibida.[8] Es decir, es posible que ni siquiera te des cuenta de que estás librando grandes batallas emocionales mientras tengas energía para enfrentarlas. Una vez que te quedas sin energía, las sentirás (y de manera intensa).

A veces hablo con personas que me dicen que luchan con la depresión o la ansiedad. Por lo general, lo que quieren decir es que han sido diagnosticadas con un trastorno depresivo importante o uno de los varios trastornos de ansiedad del Manual Diagnóstico y Estadístico de la Asociación Americana de Psiquiatría (la "biblia" de los trastornos mentales). Pero la verdad es que aunque no todos lidiamos con estos problemas a nivel clínico, *todos* luchamos hasta cierto punto con la ansiedad y la depresión. En nuestro cerebro se libra diariamente una batalla entre la ansiedad y la confianza, y entre la depresión y la motivación placentera. La energía emocional nos permite luchar en esa batalla diaria y, normalmente, ganar.

Al igual que las superratas de las que hablé antes, algunos de nosotros hemos desarrollado mucha más energía emocional de la que teníamos al principio. Las diferentes circunstancias de la vida que enfrentamos inicialmente nos alarmaron, pero desarrollamos la energía emocional para seguir adelante. Ahora, para otros, podrías parecer casi sobrehumano. Podrían mirar los desafíos que eres capaz de soportar a diario y deducir, quizás con razón, que otros no podrían soportar ese tipo de estrés. Por ejemplo, tal vez estás cuidando a un padre anciano, y las personas a tu alrededor podrían estar asombradas por la fortaleza mental que muestras cada día para cuidar a tu ser querido con paciencia, amor y apoyo. Y si dieras un paso atrás por un momento, probablemente tú también te asombrarías. Sin duda, hubo un momento en tu vida en el que no habrías sido capaz de hacer eso, pero has desarrollado la fuerza necesaria para lograrlo. Solo ten cuidado. La energía de adaptación es un recurso finito, y existe algo llamado *demasiado*.

¿Qué queremos decir con *agotamiento emocional?* En primer lugar, es importante distinguir entre la idea de *burnout* y estar cansado. Yo podría llegar a casa después de un largo día de trabajo y decirle a mi esposa: "Estoy agotado". Pero lo que realmente quiero decir es: "Estoy cansado". Agotamiento, al menos en este caso, significa estar totalmente consumido. Significa estar completamente desgastado. Estar emocionalmente agotado es el equivalente emocional de quedarte tirado en la carretera porque te quedaste sin gasolina. Como puedes imaginar, cuando una persona se queda sin nada de energía emocional, le cuesta hacer cosas como experimentar las emociones que normalmente esperaría sentir bajo circunstancias normales.[9] Batalla para ser consciente de las emociones que sí experimenta, y lo más importante, le cuesta regular las emociones que salen a la superficie.[10]

Antes usé el término *batalla* para describir la regulación emocional. Otra palabra que podríamos usar es *balance*. Nuestro cerebro, gracias a la increíble manera en que Dios lo diseñó, puede ayudarnos a mantener un balance entre sentir emociones y ser absorbidos por ellas. Sentir tristeza de manera adecuada y en los momentos correctos es algo maravilloso. Ser absorbido por la tristeza puede ser algo muy destructivo. De manera similar, si pudiera renunciar a mi capacidad de enojarme, no lo haría. ¿De qué otra manera sabría cómo y cuándo enfrentar la injusticia? Por otro lado, ciertamente no querría que la ira tomara el control de mi vida. El agotamiento emocional significa perder ese balance. Las emociones de repente se vuelven impredecibles, poco útiles, y muy difíciles de regular.

Una persona que lidia con el agotamiento emocional puede oscilar entre sentirse entumecida y experimentar emociones extremas. Puede mostrar signos de depresión, y ser incapaz de disfrutar cosas que antes amaba. Es posible que se vuelva mucho más voluble, perdiendo la paciencia por cosas pequeñas en un momento y, al siguiente, mostrando una ansiedad casi infantil. En momentos en los que antes habría mostrado compasión, acercándose a otra persona para ofrecer cuidado y comprensión, puede quedarse inmóvil, mirando al vacío. O puede volverse muy crítica consigo misma o con los demás, causando nuevos problemas de relación que no existían antes de que se agotara. En cualquier caso, hay algunas cosas que son seguras: el agotamiento emocional hace que las personas sean menos predecibles en sus respuestas emocionales a la vida, les dificulta manejar las sorpresas que les presenta, y las vuelve menos saludables en sus relaciones. Y esto puede conducir a la despersonalización.

DESPERSONALIZACIÓN

En el punto en el que ya no tenemos más energía emocional que ofrecer, dejamos de ser la persona que solíamos ser.[11]

Comenzamos a dar menos de nosotros mismos, a estar menos presentes y a retirarnos del estrés, incluso si esa retirada conlleva consecuencias importantes. Por ejemplo, un padre o una madre que se queda en casa, con *burnout* y experimentando esta etapa de despersonalización, puede seguir llevando a cabo las tareas asociadas con el cuidado de sus hijos y el hogar, pero lo hace de manera mecánica, y la calidez y el cariño que solía tener puede ser sustituida por una personalidad casi robótica. Sin duda, hay una temporada de despersonalización en la que las tareas se siguen haciendo, pero la persona ya no está completamente presente. Con el tiempo, esas tareas también comienzan a descuidarse. El papeleo que antes se hacía perfectamente estará lleno de errores, el historial de asistencia impecable se arruinará con mañanas de ausencia sin aviso, o alguna otra tarea estresante quedará sin hacer o se realizará de manera descuidada. Entonces, tristemente, las consecuencias de la despersonalización se hacen evidentes para la persona agotada. En ese punto, experimentará la siguiente etapa del *burnout*: la disminución de la sensación de logro personal.

DISMINUCIÓN DE LA SENSACIÓN DE LOGRO PERSONAL

Cuando has sido bueno en ciertas cosas toda tu vida, no estás acostumbrado a enfrentar fracasos personales. Y cuando sí enfrentas un fracaso, normalmente te adaptas y mejoras. Recordemos el concepto de adaptación que discutimos antes. Probablemente has pasado gran parte de tu vida adaptándote al fracaso, ajustándote rápidamente y mejorando cuando algo no funcionaba. Pero imagina enfrentarte a tu propio fracaso y darte cuenta de que no tienes la capacidad para adaptarte y cambiar. Como hablamos anteriormente, cuando estás agotado te has quedado sin energía para adaptarte cuando las cosas van mal.

Para alguien con *burnout,* es terriblemente doloroso enfrentar las consecuencias de tareas mal hechas (tareas que antes habrías hecho bien) y saber que no tienes la energía para solucionar el problema.[12]

En esos momentos, las sensaciones adictivas de éxito que solían hacerte sentir tan bien son reemplazadas por las sensaciones debilitantes que acompañan a la vergüenza. En ese momento también es normal que una persona con *burnout* se sienta inútil, sin esperanza para el futuro, e incluso a veces desarrolle tendencias suicidas.[13] Lo que hace que esta etapa del *burnout* sea particularmente difícil es que, a menudo, las sensaciones de no estar logrando nada no son irracionales. A veces no estamos logrando mucho cuando estamos "quemados", y eso tiene sentido. Recordemos la curva normal de la que hablamos en el capítulo 1: una vez que pasas el punto óptimo, obtienes peores resultados en lugar de mejores. La despersonalización y la disminución de la sensación de logro personal que ocurren cuando tienes *burnout* son realmente el resultado de haber sobrepasado ese punto óptimo y tener que enfrentar las consecuencias. Cuando eso sucede, es probable que te sientas como un fracaso, incluso cuando hay muchas pruebas que sugieren que antes habías tenido éxito.

UNIÉNDOLO TODO

Ahora, como investigador en el campo de la psicología del *burnout,* pienso en el hombre del avión del que hablé en el capítulo 1 y no es difícil ver las tres etapas del *burnout* presentes: el agotamiento emocional, la despersonalización, y la disminución de la sensación de logro personal. No es de extrañar que este hombre, aunque tenía éxito en su trabajo, sabía que necesitaba hablar con alguien. Sabía que necesitaba ayuda. Ya fuera consciente o no de que estaba "quemado", sabía que el modo en que estaba viviendo su vida no estaba funcionando y que necesitaba hacer un cambio. Tal vez, al leer esto, te estás dando cuenta de que el *burnout* es algo con lo que tú o alguien a quien amas está luchando. Quizás comienzas a darte cuenta de que no puedes seguir exigiéndote tanto como has estado haciendo, y tal vez estás listo para hacer un cambio. Si es así, espero que este libro te inspire a luchar contra el *burnout* y encontrar un nuevo balance. Pero antes de seguir adelante, tomemos un momento para considerar un caso de *burnout* en la Biblia. Si no eres creyente y deseas saltarte esta parte, siéntete libre de hacerlo; sin embargo, incluso si no eres cristiano, puede que encuentres útil la siguiente sección.

¿EL *BURNOUT* EN LA BIBLIA?

Puede que te ayude saber que uno de los personajes más piadosos del Antiguo Testamento enfrentó un caso tan grave de *burnout* que, en cierto modo, se podría decir que desarrolló tendencias suicidas. En el libro de 1 Reyes, el profeta Elías era el mensajero de Dios para su pueblo: Israel. En ese tiempo, Israel tenía un rey llamado Acab que era un desastre. La Biblia nos dice que Acab fue el peor rey que Israel tuvo jamás (ver 1 Reyes 16), y su esposa, Jezabel, era incluso peor que él. Hay una razón por la que pocos de nosotros llamamos a nuestros hijos Acab o a nuestras hijas Jezabel. Ninguno de los dos era un modelo a seguir; ambos eran egocéntricos, narcisistas y abusivos. Y Elías, como mensajero de Dios, no estaba en su lista de favoritos.

Para entender la historia, es importante saber que la vida de Elías fue estresante desde el momento en que se convirtió en profeta. Siempre estaba en peligro por la agresión violenta de Acab y Jezabel, y a menudo tenía que confiar en el Señor para suplir necesidades básicas como comida, agua y refugio. El hombre tenía que lidiar con el estrés todo el tiempo; sin embargo, en el capítulo 18 de 1 Reyes, Elías enfrenta un momento particularmente estresante. El pueblo de Israel estaba dispuesto a escuchar lo que Elías tenía que decir acerca de Dios, pero también le gustaba escuchar a los profetas de Jezabel, quienes servían al falso dios Baal, el dios de la prosperidad y el sexo. Igual que los cristianos en la actualidad, era fácil para el pueblo de Dios vacilar entre seguir al Dios verdadero y servir al sexo o al dinero. Elías necesitaba ponerle fin a eso.

Por lo tanto, decidió que tenía que haber algún modo de mostrarle al pueblo de Israel que Dios era real y que Baal era falso. Retó a los 450 profetas de Baal a una competencia en el monte Carmelo, donde se construyeron dos altares. En cada altar se colocó un toro, y el acuerdo de Elías fue que tanto él como los profetas de Baal orarían para que descendiera fuego del cielo sobre sus respectivos sacrificios. Quien enviara el fuego sería obviamente Dios, y el asunto quedaría resuelto. Es una historia fascinante con muchos detalles emocionantes, así que te reto a leerla algún día. Así resultó: después de que los profetas de Baal estuvieron todo el día invocando fuego del cielo, no pasó nada. Ni siquiera una chispa. Luego, cuando Elías oró, descendió fuego del cielo y consumió el sacrificio y el altar, dejando una marca chamuscada donde solía estar el altar. Fue una gran victoria para Elías. Después, Elías mató a los profetas de Baal y anunció que Dios pondría fin a la sequía que había causado una hambruna. Una vez más, fue un día bastante importante para Elías.

Podrías pensar que el estrés de ese día había terminado. Podrías pensar que si Elías iba a tener un colapso o se iba a agotar, eso habría sucedido durante ese día intenso; pero no fue así. Más tarde, cuando Jezabel se enteró de que Elías había matado a sus profetas, le envió un mensaje para decirle que planeaba matarlo como venganza. Ten en cuenta que Elías siempre había lidiado con amenazas de Acab y Jezabel. Eso no era nada nuevo. Y podrías pensar que, fortalecido por su éxito en el monte Carmelo, estaría más preparado que nunca para reírse de la amenaza de Jezabel. Desde una perspectiva cristiana, esperaríamos que Elías confiara en Dios para protegerlo y mantenerlo a salvo. No esperamos que Elías, de repente, tuviera un colapso en este momento. *Pero lo tuvo.* ¿No es interesante que el momento del colapso a menudo llegue *después* del tiempo de estrés extremo, en lugar de llegar *durante* ese tiempo?

Pero tiene sentido si recuerdas a las superratas. Recuerda que inicialmente viven perfectamente bien en los entornos más fríos del experimento. Pero llegará un momento en el que llenarás un cheque de energía de adaptación... y ese cheque rebotará, es decir, no tendrás más energía para adaptarte. Nadie estará ahí para anunciar de antemano que te has exigido demasiado durante demasiado tiempo. No siempre tendrá sentido. A veces sucederá después de que el gran factor de estrés haya terminado, sin que haya una última gota que colme el vaso. A veces, la última gota será algo trivial e intrascendente. Al final, cuando la energía para adaptarse se acaba, se acaba. Y Elías se quedó sin energía.

Si quieres ver la imagen bíblica del *burnout,* solo lee el capítulo 19 de 1 Reyes. Elías, agotado y exhausto, viaja muy lejos del territorio al que Dios lo había llamado. Se retira de su trabajo. Hablamos de este tipo de retiro anteriormente cuando hablamos de la despersonalización. Se dirige hacia un desierto, que es una imagen muy adecuada de lo que es la despersonalización: es como un retiro hacia un desierto de autopreservación. Se retira completamente de las personas; en el último pueblo que atraviesa de camino al desierto, deja a su siervo atrás. Emocionalmente exhausto y completamente alejado de su llamado, encuentra un lugar en el desierto para morir y le pide a Dios que lo mate. Le dice a Dios: "Basta ya" (1 Reyes 19:4). Eso es el agotamiento emocional hablando. Luego le dice a Dios que ha fallado. En sus propias palabras, dice: *No soy mejor que mis antepasados* (v. 4), lo cual es un reflejo de la disminución de sensación de logro personal. Y reitera que quiere morir, lo cual es la despersonalización máxima: una retirada de la vida.

Elías se queda dormido, probablemente eso es un indicador de cuánto había descuidado su necesidad de descanso. Un ángel lo despierta, ha preparado comida para él, y le ordena que coma. Esto probablemente indica que Elías también había estado descuidando su dieta. Después de comer, Elías vuelve a dormir, y cuando despierta, ¡el ángel lo hace comer de nuevo! Posteriormente, Dios le indica a Elías a que se encuentre con Él en un monte específico. En el monte, Elías una vez más le dice a Dios cuán fracasado se siente. Dios responde con algunas demostraciones muy llamativas de su poder.

Primero, Dios envió un vendaval que desprendió rocas del monte. Luego, envió un terremoto (algo aterrador si estás en un monte). Finalmente, Dios envió fuego. La Escritura deja claro que Dios mismo no estaba en el vendaval, ni en el terremoto, ni en el fuego. El texto sugiere que Elías esperaba que Dios estuviera en alguno de esos fenómenos.

Recuerdo estar en el seminario bíblico y escuchar las explicaciones complicadas que mis profesores daban sobre el simbolismo de la tormenta de viento, el terremoto y el fuego. Francamente, no creo que haya ningún simbolismo profundo. Creo que Elías era una persona que estaba acostumbrada a recibir lo que pedía en oración. Después de todo, oró para que Dios enviara fuego del cielo sobre un sacrificio, y eso sucedió; por lo tanto, cuando oró pidiendo su propia muerte, tengo que pensar que esperaba que la muerte llegara pronto. Por eso digo que creo que realmente tenía tendencias suicidas. Esto no era una especie de melodrama espiritual... era una petición seria de muerte.

Me parece que cuando golpeó la tormenta de viento, Elías esperaba que Dios estuviera en la tormenta y pensaba que iba a morir en ese momento. Cuando eso no sucedió, creo que Elías debió esperar morir en el terremoto o el fuego, pero Dios no estaba en ninguno de ellos. Creo que el mensaje que Dios estaba enviando con esas demostraciones de su poder era este: *Si quisiera acabar contigo, tengo muchas maneras de hacerlo. Estás aquí por una razón.* Finalmente, Dios se acercó a Elías en forma de "suave susurro" (1 Reyes 19:12). La voz le hizo la pregunta que Dios ya le había hecho varias veces: *¿Qué haces aquí, Elías?* (1 Reyes 19:13).

He reflexionado mucho sobre esa pregunta al estudiar el *burnout*. ¿Qué quiso decir Dios cuando le preguntó a Elías: "¿Qué haces aquí?". Esto es lo que pienso. Creo que Dios quería que Elías supiera que ese no era el lugar correcto para él, y que había un lugar mejor a su alcance. Y quizás eso es lo que tú necesitas escuchar al terminar este capítulo. Dios tiene planes más grandes para ti que quedarte aislado por el *burnout*. Tienes un futuro, y puedes tener más éxito que nunca. Claro, probablemente implique hacer cambios, pero hay un lugar mejor para ti, hablando metafóricamente.

Cuando Dios le dio instrucciones a Elías, estas implicaban hacer cambios. Primero, Dios le dijo a Elías: *Regresa por el mismo camino que viniste* (1 Reyes 19:15). Dios le indicó a Elías que reconociera que había tomado pasos en la dirección equivocada y que intencionalmente revirtiera esos pasos negativos. Muchas personas que lean este libro tendrán que "regresar por el mismo camino que vinieron". Me gustaría animarte a replantearte decisiones que has tomado en el camino que te llevó a este momento de *burnout*. Puede que tengas que usar tu propio rastro para regresar al punto en el que tu estrés pasó de ser saludable a ser dañino.

La segunda instrucción que Dios le dio a Elías fue ungir a su sucesor: Eliseo. Básicamente, Dios le dijo a Elías que tendría que dejar de ser un llanero solitario y comenzar a aprovechar las relaciones interpersonales para ayudarlo a manejar su carga de estrés. Muchos de nosotros tenemos como lema de vida: "Si quieres que algo salga bien, tienes que hacerlo tú mismo". Como resultado, somos reacios a delegar, compartir o colaborar en el manejo de cosas estresantes, e intentamos hacerlo todo nosotros solos. Dios no nos diseñó para vivir o trabajar de esa manera.

Finalmente, Dios quería que Elías aceptara la verdad. La verdad era que Elías no era un fracaso, y su vida *estaba* marcando una diferencia. Elías se había convencido de que era el único seguidor de Dios que quedaba y que su vida no había tenido ninguna influencia. Dios le dijo a Elías que tenía siete mil personas en Israel que le eran leales. Eso significaba dos cosas. Significaba que Elías no estaba solo, y que había marcado la diferencia. El *burnout* tiene la capacidad de predisponernos a creer mensajes falsos sobre nuestro pasado y nuestro futuro. Nos hace dudar de si alguna vez fuimos efectivos, y de si alguna vez podremos serlo de nuevo. Pero esa no es la verdad. Tú has marcado la diferencia. Puedes marcar más la diferencia en el futuro. *Lo harás*. ¿Qué haces aquí? Es hora de ir a un lugar mejor.

CAPÍTULO 2

PREGUNTAS DE DISCUSIÓN PARA GRUPOS PEQUEÑOS

1. Piensa en un ejemplo de estrés en tu vida al que tuviste que adaptarte. ¿Qué aprendiste en el proceso de adaptarte a ese desafío?

2. ¿Alguna vez has sentido que tu energía emocional estaba completamente agotada (y por agotada, queremos decir totalmente consumida)? ¿Qué te llevó a ese *burnout*? ¿Cómo lo enfrentaste?

3. ¿Qué opinas de la idea de la despersonalización? ¿Alguna vez has visto a alguien prácticamente retirarse de las mejores partes de sí mismo? ¿Qué observaste?

4. ¿Crees que el estrés alguna vez te hizo sentir como un fracaso o como si estuvieras decepcionando a otros? Si es así, ¿cómo has enfrentado esos pensamientos desalentadores?

5. Hablamos de cómo Elías tuvo un momento límite: el momento en el que Jezabel dijo que iba tras él. ¿Has tenido un momento límite en tu vida? Compártelo con el grupo.

3

RECUPERA TU VIDA FÍSICA

No puedo demostrarlo, pero estoy convencido de que el *burnout* mató a Edsel Ford. Tenía solo cuarenta y nueve años cuando murió.[1] Es posible que no estés familiarizado con Edsel Ford, pero probablemente sepas bastante sobre su padre, Henry. A Henry Ford se le atribuye haber construido el primer automóvil que el público estadounidense podía permitirse. Su genio mecánico y su inteligencia en la fabricación nos dieron tanto el Modelo T (a veces llamado el "automóvil Ford") como la línea de ensamblaje moderna. Edsel era el único hijo de Henry Ford y fue lanzado al caótico y estresante entorno laboral de su padre a una edad muy temprana. A los veinticinco años, Edsel se convirtió en el presidente de la Ford Motor Company.[2] Eso sí que es estrés... eso significa que, cuando tenía poco más de cuarenta años, había dirigido con éxito una de las mayores compañías de fabricación del país durante la Gran Depresión. Aquellos que lo vieron cumplir con esa responsabilidad dicen que lo hizo con clase, ingenio, humildad y un espíritu colaborativo. Y todo eso mientras lidiaba con el estrés adicional de tratar con su padre, Henry, quien solía hacer más difícil su vida, que ya de por sí era estresante.[3]

Henry Ford insistía en seguir dirigiendo la compañía desde las sombras a pesar de no ser ya el presidente.[4] Y el genio del anciano parecía ir de la mano con su problemática excentricidad. Durante los años en que Edsel dirigió la Ford Motor Company, su padre le creó más problemas que soluciones. Estos son algunos ejemplos: Edsel sabía que Ford necesitaba producir nuevos modelos de automóviles cada año, como lo hacían sus competidores. El Modelo T, por maravilloso que fuera, finalmente quedó obsoleto frente a la competencia. Pero a Henry le encantaba el Modelo T, e insistía en que no se necesitaba un modelo nuevo.[5] Edsel estaba abierto a negociar con los sindicatos, pero Henry no soportaba la idea.[6] El viejo Ford estaba dispuesto a enfrentarse a los sindicatos, incluso si eso significaba fomentar la violencia. Edsel quería tener un espíritu colaborativo en el lugar de trabajo, así que buscaba formas de encontrar objetivos compartidos y soluciones mutuamente aceptables dentro del equipo directivo de Ford. Pero, a pesar de su arduo trabajo por crear una cultura colaborativa y con visión de futuro en la Ford Motor Company, casi siempre era socavado de alguna manera por las directrices de "o se hace a mi manera o no se hace" de Henry Ford. Y mientras que Edsel, aparte de sus esfuerzos filantrópicos y personales, quería centrarse en construir y perfeccionar automóviles, Henry también quería concentrarse en proyectos grandiosos como la política, la publicación y la ingeniería social.[7] Cada uno de esos proyectos terminó creando desastres masivos que Edsel fue el responsable de limpiar parcialmente después. Imagina lo que debió ser tener el título de presidente de la Ford Motor Company; pero tener las manos atadas tras bambalinas por un tirano testarudo, hipercrítico y egocéntrico. El estrés de ese tipo de situación te enferma. Y Edsel definitivamente se enfermó. En mi opinión, una carga diaria y acumulativa de estrés abrumador fue lo que mató a Edsel antes de que llegara a cumplir los cincuenta años.

ESTRÉS CRÓNICO

Hay un término para ese tipo de estrés con el que Edsel estaba lidiando. Lo llamamos *estrés crónico*. A diferencia de los causantes agudos de estrés, que te golpean rápidamente y se disipan de la misma manera, los estresores crónicos no se resuelven; vuelven. Te golpean una y otra vez, poniendo peso sobre tu espalda y agotándote. Un causante crónico de estrés es esa cosa mentalmente agotadora que cargas todos los días encima y en la que no puedes dejar de pensar. Es una de las últimas cosas en las que piensas antes de acostarte, y es un peso que se posa sobre tus hombros cuando te levantas en la mañana. El estrés crónico es una carga que llevas durante mucho tiempo. Y, cuanto más tiempo llevas la carga, más pesada parece ser.

Imagina lo siguiente: supongamos que te pido que mantengas tu brazo extendido frente a ti. Mientras lo haces, coloco un peso de dos kilos en tu mano y te digo que mantengas el brazo extendido mientras sostienes el peso. Al principio no te costará nada. Son solo dos kilos. Pero no muchos minutos después de eso, te empezará a costar seguir sosteniendo ese peso. Comenzarás a sudar, tu brazo comenzará a doler (puede que te empiecen a dar calambres) y, después de un rato, tendrás que soltar el peso.

Así es como funciona el estrés crónico. No es solo el peso que cargas lo que tiende a crear problemas. Es el periodo de *tiempo* que tienes que cargar ese peso. Si, por ejemplo, tienes una preocupación de salud y tienes que esperar cuarenta y ocho horas para recibir los resultados del médico, el estrés de esa espera será significativamente menor que si tienes que esperar dos semanas. Cuanto más tiempo lleves una carga, más pesada se vuelve.

El burnout es el resultado final del estrés crónico. Cuando cargas demasiado durante demasiado tiempo, algo se tiene que romper. Por un momento, piensa en ese ejemplo del peso que te di antes. ¿No es cierto que ocurre un cambio de mentalidad mientras sostienes ese peso? Al principio piensas: *Puedo; no es tan pesado.* Luego empiezas a pensar: *Vaya, esto se está poniendo realmente difícil.* Y después llega ese momento en el que tu cerebro registra la imposibilidad de cargar ese peso para siempre, y piensas: *Voy a tener que encontrar una solución… No puedo seguir sosteniendo esto.*

Tendrás pensamientos y sentimientos similares si estás lidiando con el estrés crónico. Al principio, podrías sentirte relativamente seguro de que puedes seguir adelante cargando el peso diario que llevas sobre los hombros, pero después, con el tiempo, comienzas a darte cuenta de que te está pasando factura, especialmente en tu salud; sin embargo, sigues adelante. Luego llega ese momento en el que comienzas realmente a sentir el *burnout,* y comprendes que simplemente no puedes seguir como lo has hecho en el pasado. Ni siquiera es que el peso se haya vuelto más pesado. Es solo que cargarlo por tanto tiempo te ha colocado en una posición en la que no puedes continuar.

Volvamos a la historia de Edsel. Si buscas en el internet la causa de la muerte de Edsel Ford, probablemente verás que se menciona úlceras gástricas o cáncer de estómago como la razón. Tenía ambas enfermedades. Y es probable que sus úlceras gástricas finalmente se convirtieran en cáncer de estómago; por eso verás cualquiera de las dos descritas como causa de su muerte. En la mitad del siglo XX, cuando Edsel murió, se pensaba que el estrés causaba úlceras gástricas, por lo que hubo mucha especulación de que el estrés de la vida de Edsel lo había matado. De hecho, algunas personas (incluida la esposa de Henry Ford,

Clara) pensaban que Henry era personalmente responsable de la muerte de su hijo, o al menos en cierta medida.[8]

Por supuesto, ahora sabemos que la bacteria *H. pylori* causa muchas úlceras gástricas; sin embargo, aún no descartes el impacto del estrés. También sabemos que el estrés crónico nos hace más vulnerables a desarrollar úlceras gástricas, que hace que las úlceras sanen más lentamente, y que hace que las personas sean más susceptibles a ciertos tipos de cáncer.[9] Así que, aunque no lo pueda demostrar, creo que probablemente fue el estrés de su vida laboral lo que acortó la vida de Edsel. Y parte de mi trabajo es hacerte saber que, si dejas que el estrés se apodere de ti, también podría acortar tu vida. Como mínimo, podría disminuir tu calidad de vida.

Por supuesto, no es mi objetivo asustarte. Si estás leyendo este libro porque te sientes estresado, no estoy aquí para empeorar las cosas. Mi objetivo es ayudarte a pensar en formas de darle a tu cuerpo una oportunidad de luchar contra los impactos del estrés. No estaría haciendo bien mi trabajo si no te hiciera saber que el *burnout* en realidad afecta tu bienestar físico. Creo que demasiadas personas tienen la impresión de que el *burnout* es solo una batalla mental o una batalla de bienestar emocional. Sin duda lo es; pero es mucho más. También es una batalla física. Es imposible aislar el impacto de una batalla mental del estado físico del cuerpo. Lo que experimentamos emocionalmente nos afecta físicamente. Somos seres integrales; todo está conectado.

EL ESTRÉS CRÓNICO Y TU CUERPO

Entonces, teniendo en cuenta que esto no es una táctica para crear miedo, hablemos sobre cómo el estrés crónico y el *burnout* pueden afectar tu cuerpo. Probablemente no te sorprenda saber que el estrés crónico puede dañar tu sistema cardiovascular. Creo que casi todo el mundo sabe que un estrés descontrolado puede provocar un ataque al corazón. El estrés y el funcionamiento del corazón están increíblemente relacionados. De hecho, por eso a menudo llamamos prueba de estrés al electrocardiograma (ECG) que se realiza mientras corres en una cinta como prueba de rendimiento cardiovascular. Pero, por más familiarizados que estemos con esa realidad, no deberíamos permitir que la familiaridad nos lleve a desestimar o restar importancia al riesgo. La verdad es esta: tu sistema cardiovascular merece ser protegido. Solo pregúntales a tu familia y tus amigos. Ellos quieren que tu corazón esté en perfecto estado. Y para que no pensemos que un ataque al corazón es el único riesgo cardiovascular del estrés crónico, vale la pena recordar que la salud cardiovascular va más allá de la salud de tu propio corazón. El estrés crónico también puede hacer que seas más propenso a sufrir un accidente cerebrovascular.[10] Y solo un accidente cerebrovascular, aunque no sea fatal, podría cambiar tu vida y la vida de tus seres queridos para siempre.

Uno de los mayores impactos en la salud que el estrés crónico puede tener es la reducción de la efectividad de tu sistema inmunológico.[11] ¿Qué tan importante es esto? Habla con cualquier persona que sufra una enfermedad que comprometa su sistema inmunológico y pregúntale cómo influye esa enfermedad en su vida diaria. Mientras te cuenta todas las precauciones que debe tomar y todos los riesgos que maneja a diario, creo que te sorprenderá ver lo que tu sistema inmunológico hace por ti *cada minuto de cada día*. Digámoslo de esta manera: *un sistema inmunológico que funciona bien reduce drásticamente los posibles problemas de salud en tu vida.* Ahora pregúntate: ¿cuánto vale eso para ti? Porque uno de los hallazgos más profundos y confiables de la investigación sobre el estrés en las últimas décadas es que el estrés crónico y el *burnout* están indudablemente asociados con una reducción en la función de tu sistema inmunológico.

Esa reducción en tu sistema inmunológico puede traducirse en tiempos de recuperación más lentos, mayor riesgo de enfermarte, e incluso mayor riesgo de desarrollar ciertos tipos de cáncer. Es un gran problema. Y aunque no termines gravemente enfermo porque tu sistema inmunológico no está funcionando al máximo, podrías ser más propenso simplemente a tener una especie de malestar persistente y de bajo nivel que podría sentirse como un resfriado eterno o una enfermedad respiratoria que no termina de resolverse. Si quieres sentirte bien, necesitas un sistema inmunológico que esté funcionando a su máxima capacidad.

Otro resultado común del estrés crónico es el dolor corporal y la inflamación.[12] La próxima vez que estés en una librería, toma un manual médico y hojea las entradas de enfermedades que terminan en "-itis", como apendicitis, nefritis o diverticulitis. Estas enfermedades son todas ellas condiciones que de alguna manera implican inflamación corporal. Y algo que sabemos sobre el estrés crónico es que aumenta la inflamación corporal. Por lo tanto, en conjunto con la infección (el riesgo de la cual puede aumentar por la reducción del rendimiento del sistema inmunológico mencionado anteriormente), el estrés puede promover la inflamación, haciéndote más propenso a esas molestas "-itis".

La inflamación también puede causar todo tipo de enfermedades llamadas "fantasma". ¿Recuerdas al hombre del que hablé en el primer capítulo? Tenía muchos síntomas, pero los médicos seguían diciéndole que no le pasaba nada. La inflamación corporal puede causar muchos síntomas que probablemente no recibirán un diagnóstico específico. Causa muchos dolores, molestias, y pequeñas señales extrañas e inusuales en el cuerpo que pueden hacerte sentir que algo no está bien físicamente. Si vas al médico y te hacen muchas pruebas, es probable que te digan que no pueden encontrar el origen de tus síntomas. Eso es todavía más aterrador.

Sabemos que uno de los síntomas de la inflamación basada en el estrés puede ser dolor muscular en la espalda, los hombros y el cuello, así como dolores de cabeza por tensión. Y ese tipo de dolor puede hacer que la vida diaria sea mucho más difícil. Para muchos de ustedes que están leyendo este libro, en este punto el dolor muscular es casi como un amigo de la familia. Han lidiado con él por mucho tiempo y tal vez hayan llegado a aceptar que está ahí. Pero ese cuello rígido es una señal de problemas mayores debajo del capó. Esa inflamación es una fuerza poderosa, y exigirá una venganza mucho mayor que ese músculo que parece una bola en tu cuello.

Además de lo que ya he mencionado, sabemos que lo siguiente también se ha relacionado con el estrés crónico o el *burnout*:

- colesterol alto
- cambios de peso
- disfunción sexual
- cansancio extremo
- insomnio
- dolor

- calambres musculares
- tics nerviosos
- intranquilidad
- enfermedades respiratorias
- problemas para dormir (incluida dificultad para conciliar el sueño, dificultad para despertar como se desea, sueño interrumpido, etc.)
- enfermedades gastrointestinales
- indigestión frecuente
- náuseas
- problemas frecuentes de intestinos (estreñimiento, diarrea)

Nota: Esta lista no es exhaustiva; simplemente refleja una rápida revisión de lo que observé al repasar la literatura académica sobre el *burnout*.

También es importante decir que *nunca debes ignorar ninguno de esos síntomas*. El hecho de que el *burnout* pueda causar esos síntomas no significa que sea la causa de tus síntomas. Y, aunque el *burnout* sea parte de la causa, no significa que deba quedar sin examen ni tratamiento. Si estás experimentando cualquiera de esos síntomas, deberías consultar a tu médico sobre ellos.

¿QUÉ DEBE HACER EL CUERPO?

Antes de pasar a hablar sobre cómo puedes ganar la batalla física contra el *burnout*, probablemente debamos considerar por qué tu cuerpo reacciona de esa manera. Parece algo contradictorio, ¿no es cierto? Si todos vamos a experimentar estrés, ¿por qué nuestro cuerpo responde enfermándose? Es una pregunta lógica.

Lo importante que debes recordar es algo que aprendimos sobre el estrés hace varias décadas atrás, y fue el Dr. Hans Selye (ver capítulo 2) quien nos enseñó esto. La investigación del Dr. Selye indicó que nuestra respuesta al estrés es una respuesta generalizada.[13] Eso significa que nuestro cuerpo responde de modo más o menos similar al estrés, ya sea que estemos experimentando un estrés físico (como Indiana Jones huyendo de la gigantesca piedra rodante) o un estrés emocional (como un reporte financiero que debe entregarse mañana, pero que ni siquiera se ha comenzado a hacer). En ambos casos, nuestro cuerpo experimenta el estrés como una amenaza para nuestro bienestar y se prepara de manera más o menos similar.

Cuando experimentas un factor de estrés importante, tu cuerpo se prepara como si fuera a enfrentarse y pelear contra una amenaza física. Tu cerebro ordena a tu sistema una liberación de hormonas como la adrenalina, dándote un impulso de energía para enfrentar la amenaza, y al mismo tiempo comienza a gestionar un intento corporal de evitar que ese impulso de energía se descontrole. Tu cerebro, en un momento de estrés, comienza el delicado acto de equilibrismo de prepararte hasta un punto en el que puedas rendir al límite de tu capacidad humana mientras, al mismo tiempo, trata de evitar que te prepares hasta el punto de colapsar físicamente. En esos momentos, la supervivencia es la prioridad, no el bienestar (esto es lo que mencionábamos antes con el "modo de supervivencia"). Curiosamente (y es aquí donde entra lo de la inflamación), tu cuerpo también se prepara para lidiar con la posibilidad de ser herido. Parte de la rutina de tu cuerpo para sanar heridas es causar inflamación en el lugar de la herida, lo cual realmente ayuda a la curación. Por eso las heridas suelen abultarse, ponerse rojizas y tener ese aspecto desagradable. Y, dado que tu cuerpo piensa que estás siendo directamente amenazado, libera sustancias químicas inflamatorias en tu torrente sanguíneo para ayudar en ese proceso.[14]

Por supuesto, si te está persiguiendo un puma, todo esto es muy útil; sin embargo, no es tan útil con un factor emocional de estrés. Pero, mientras ese causante de estrés emocional sea breve, no suele haber mayor problema. Imagina, sin embargo, lo que ocurre cuando tu cuerpo se acostumbra a estar siempre preparado debido a un agente crónico de estrés. Es cierto que no estás completamente activado en modo de lucha o huida todo el día, pero hay una especie de activación de bajo nivel de la respuesta al estrés que permanece activa cuando lidias con el estrés crónico. Y esa activación tiene un precio. Significa que hay más de esas sustancias inflamatorias en tu sistema de las que debería haber. Significa que tu cuerpo prioriza la supervivencia por encima del bienestar. Y significa que el bombeo está activado como si tuvieras que luchar o huir. Cuando ya estás parcialmente activado, no hace falta mucho esfuerzo para empujarte a cruzar la línea hacia un estado desesperado de "darles con todo". ¿Alguna vez te has preguntado por qué las personas estresadas tienen tan mal humor y están siempre irritables? Esa es la razón.

Dios no nos diseñó para vivir nuestras vidas en un estado constante de estrés emocional; por eso creo que nuestros cuerpos reaccionan de esta manera ante los estresores emocionales continuos. Mis amigos ateos dirían que simplemente no nos hemos adaptado aún a las presiones constantes de la vida moderna. Desde un punto de vista evolutivo, eso tiene sentido. Como seguidor de Dios, sin embargo, creo que hay un mensaje todavía más importante aquí. En lugar de sugerir que simplemente tenemos que adaptarnos más para que el estrés emocional no tenga esas consecuencias fisiológicas, sugeriría que Dios no nos diseñó para vivir nuestras vidas de maneras que nos empujen al borde de nuestros límites emocionales y físicos.

De hecho, tu cuerpo está haciendo exactamente lo que se supone que debe hacer cuando responde al estrés crónico. Cuando lidias con una sobrecarga de estrés y tu sistema responde a una amenaza percibida, tu cuerpo realmente está recibiendo la orden de priorizar la supervivencia, cualquiera que sea el costo en el largo plazo. Y eso es exactamente lo que hará.

Aquí tienes un ejemplo de lo que quiero decir. Imagina que llevas contigo tus ahorros de toda la vida (cien mil dólares en efectivo) a un viaje en barco a una isla tropical donde planeas comenzar tu jubilación; sin embargo, en algún momento del trayecto tu barco comienza a hacer agua. Te das cuenta de que hay un agujero en el barco y sabes que estás lo suficientemente lejos de la costa como para hundirte si no piensas en algo rápido. A regañadientes, tomas algo de dinero y enrollas los billetes para tapar el agujero. Después de sacar algo de agua que ya había entrado antes, el barco comienza a estabilizarse. Y solo te costó veinte mil dólares. Ese dinero estará irreconocible para cuando llegues a tu destino, pero aún conservas la vida. Luego otro agujero, otro, otro... cuando llegas a la orilla, *estás vivo pero arruinado*. Tomaste la mejor decisión: después de todo, sigues vivo y con energía, pero pagaste un alto precio para llegar vivo. Tu cuerpo también está dispuesto a pagar un alto precio para llegar vivo. Cuando estás estresado, tu cuerpo hará todo lo que sea necesario para seguir avanzando, incluso si eso significa hacer grandes concesiones en salud para tapar los agujeros.

Pero no es solo tapar agujeros. Tu cuerpo también está tratando de decirte algo. Tu cuerpo quiere que sepas que no puedes seguir de ese modo. Al igual que una junta directiva le diría a un CEO que no puede seguir gastando dinero de las reservas de la empresa a largo plazo o la compañía se arruinará, tu cuerpo te está advirtiendo que no puedes seguir usando la energía de reserva y esperar salir adelante como si no pasara nada. El dolor, la indigestión, el resfriado que no se va, el insomnio, los cambios de peso... todos están intentando decirte algo. Están diciendo: "Es demasiado. Es hora de frenar antes de que te agotes". Aunque los síntomas son desagradables, no te conviene descartarlos. Tratar de deshacerte de los síntomas y seguir viviendo como lo haces ahora sería algo así como poner cinta negra sobre las luces de advertencia en el tablero de tu auto para que ya no te molesten. Si realmente quieres luchar contra el *burnout* y ganar, debes estar preparado para decirle a tu cuerpo esta poderosa frase de tres palabras: *Te estoy escuchando.*

¿Qué habría hecho Edsel Ford si realmente hubiera escuchado lo que su cuerpo trataba de decirle? Tal vez habría dejado Ford Motor Company cuando comenzó a tener úlceras estomacales. Habría sido doloroso alejarse de Ford, pero él era un hombre joven, brillante y prometedor; creo que le habría ido muy bien en otro lugar. Tal vez habría tenido una confrontación con su padre; y, quién sabe, quizás intentó hacerlo. Tal vez habría exigido una remodelación de su rol en Ford. Eso probablemente habría sido lo mejor tanto para Edsel como para la compañía. Pero esas no suelen ser las cosas que las personas hacen cuando ven la salud física como un tema secundario. Siguen adelante, aunque su cuerpo les grita que se detengan. Y, con el tiempo, pagan un precio muy alto. Lamento lo que le sucedió a Edsel, porque cada vez que leo sobre él, me impresionan sus cualidades personales. Parecía ser el tipo de persona que podría haber sido un icono de gran liderazgo empresarial a mediados del siglo XX. Su muerte no solo fue una tragedia para quienes lo conocían y amaban, sino también un terrible desperdicio de talento. El *burnout* siempre lo es.

¿QUÉ HACER?

Voy a resistir la tentación de hablar aquí sobre estrategias de reducción del estrés; cubriremos eso en el próximo capítulo. Si quieres recuperar tu vida física, necesitarás prestar atención a esas técnicas de reducción del estrés y adoptar un enfoque integral para disminuirlo. Pero, por ahora, basta con señalar que la mayoría de nosotros estamos pidiendo a nuestros cuerpos que luchen contra el estrés, sabiendo que no estamos haciendo lo suficiente para equilibrar la lucha y hacer que sea justa. Estamos exigiendo mucho a nuestros cuerpos, pero no estamos aportando la autodisciplina necesaria físicamente para enfrentar esas demandas. Si realmente queremos recuperar nuestra vida física, no solo vamos a necesitar reducir el estrés, sino que también tendremos que ser más saludables. Nuestro cuerpo necesita una oportunidad justa para ganar la batalla contra el estrés.

LOS TRES ASPECTOS INNEGOCIABLES

Los tres aspectos innegociables (*dieta, sueño y ejercicio*) no son originalmente míos. De hecho, no he revisado ni un solo libro sobre estrategias de reducción del estrés que de alguna manera no toque estos tres temas. La razón por la que los encuentras en casi cualquier libro sobre manejo del estrés es porque forman una especie de trípode: un taburete de tres patas en el que descansa tu bienestar físico (y, por extensión, el bienestar emocional). Cuando hablo con personas agotadas, suelo comenzar preguntándoles sobre su dieta, sueño y rutinas de ejercicio. A lo largo de los años he aprendido que para muchas personas, el *burnout* paradójicamente conduce a una *menor* atención a estas áreas en lugar de una mayor atención. De hecho, estoy acostumbrado a que la gente me diga que la dieta, el sueño y el ejercicio son preocupaciones de tan bajo nivel en comparación con lo que están pasando, que casi se sienten frustrados conmigo por mencionarlos. Lo entiendo. En este momento estoy lidiando con tres proyectos de investigación académica, tratando de cumplir con la fecha límite de este libro, preparando a mis estudiantes avanzados de estadística para su examen final, alistándome para el próximo año académico, y trabajando en múltiples proyectos en la iglesia donde soy pastor. Lo que planeo almorzar parece insignificante. Pero no lo es.

Así que tenme paciencia, por favor. Tal vez sientas la tentación de saltarte esta sección y evitar centrarte en cosas tan triviales como tu dieta, patrones de sueño y rutinas de ejercicio, pero son fundamentales y merecen tu tiempo y atención. Intentaré no entrar demasiado en detalles, pero creo que un recorrido rápido por lo que sabemos sobre cómo fortalecer estas tres áreas de la salud física te resultará beneficioso. Y si puedes hacer algunos pequeños cambios para mejorar en cada una de estas tres categorías, creo que descubrirás que tendrás mucho más éxito en ganar tu batalla contra el *burnout* que cuando comenzaste a leer este libro.

DIETA

Una cosa que sabemos gracias a las investigaciones es que las personas que están lidiando con estrés crónico tienen más probabilidades de comer en exceso y de maneras que saben que no son saludables.[15] Todavía no estamos completamente seguros de por qué. Una posibilidad es que la parte de nuestro cerebro que regula los impulsos y considera las consecuencias en el largo plazo esté menos activa cuando estamos estresados. Lo que es más importante, sabemos que comer por estrés puede desencadenar respuestas similares a los opioides en el cerebro, creando sensaciones placenteras y reduciendo el dolor que sentimos en nuestro cuerpo al lidiar con el estrés crónico.[16] También sabemos que la dopamina y la serotonina en el cerebro se ven afectadas cuando comemos por estrés,[17] por lo que hay buenas razones para sospechar que a veces comemos para automedicarnos con respecto al estado de ánimo.

Desgraciadamente, comer por estrés está relacionado con dos cosas que son muy problemáticas: elegir alimentos que no son buenos para ti y consumir demasiada comida. La combinación de comer en exceso y consumir alimentos dañinos pone los efectos fisiológicos del estrés que mencioné antes en una especie de hiperactividad. Nuestro comer por estrés se convierte en su propia fuente de inflamación corporal.[18] Por lo tanto, en lugar de tener un problema de inflamación (el que causa el estrés), terminamos con dos. Y, aunque sabemos que comer por estrés puede tener el efecto de reducir nuestra sensación de estrés en el momento, también sabemos que viene acompañado de efectos secundarios muy poco deseables.

En primer lugar, el efecto positivo en el estado de ánimo de comer por estrés es extremadamente breve. Para obtener ese alivio nuevamente, debes comer otra vez. En segundo lugar, si estás tratando de cuidar tu peso durante un periodo de estrés, es más probable que sientas vergüenza y frustración por tus propios patrones alimenticios, y esa vergüenza puede comenzar a sumarse a tu estrés. Peor aún, es probable que olvides tu buen comportamiento anterior en un momento de debilidad, haciéndote más propenso a rendirte por completo; por lo tanto, si te desvías de tu dieta y te comes una caja de galletas porque estás estresado, no solo es probable que te sientas mal contigo mismo, también es probable que ignores cualquier progreso que hayas hecho hasta ese momento y renuncies a tus metas de comer más sano. Y luego... otra caja de galletas.

Toco estos puntos porque quiero que sepas que si batallas con el comer por estrés, no estás solo. Y no estás loco ni eres patológicamente indisciplinado. Hay razones fisiológicas reales por las que comer sano es más difícil cuando estamos más estresados. Pero *es precisamente cuando estás más estresado que tu dieta necesita ser lo mejor posible*. Piensa en la inflamación corporal de la que hablamos antes. Puedes comenzar a reducir esa inflamación hoy mismo simplemente eligiendo una dieta que combata la inflamación en lugar de fomentarla.

No voy a escribir aquí una guía de alimentación. Primero, no soy dietista. Segundo, no falta material allá afuera para orientarte en cuanto a dietas. Tercero, tiendo a pensar que la primera ayuda que deberías buscar en términos de dieta es la de tu médico de familia, o aquel quien conoce tu historial médico y tiene una mejor idea que nadie sobre lo que puede o no funcionar para ti en cuanto a la dieta. Sin embargo, aquí hay algunos consejos que pueden ayudarte mientras comienzas a pensar en mejorar tu dieta como parte de tu estrategia para ganar tu batalla contra el *burnout*.

En primer lugar, haz de lo *saludable* el objetivo principal de tu dieta. Esto es preferible a establecer una meta de perder cierta cantidad de kilos o alcanzar cierto índice de masa corporal (IMC). Puede ser útil hacer un seguimiento de tu peso e IMC, pero llegar a un número específico no debería ser el objetivo principal. Ten en cuenta que tu peso y tu IMC son solo dos de muchos factores a considerar para determinar si tu dieta es saludable. Si estableces algún tipo de número mágico como la meta final de tu maratón dietético, será poco probable que conviertas la salud en un estilo de vida. El objetivo es asegurarte de que tu cuerpo obtenga la nutrición que necesita para estar en su mejor estado. Si haces de la nutrición saludable tu meta, no te sentirás tentado a pensar que ya terminaste de cuidar tu dieta una vez que llegues a un peso o IMC específico. Muchas personas han hecho eso y pueden testificar que pensar de esa manera es una excelente forma de volver a tener el peso que se perdió.

En segundo lugar, evita las dietas extremas y de moda. Psicológicamente, las dietas extremas tienden a inspirar mucho entusiasmo, pero las personas no suelen mantenerlas. Tal vez el entusiasmo provenga de nuestra frustración al intentar otras cosas en el pasado que no parecían funcionar. O tal vez sea esa esperanza en el fondo de nuestra mente de que esta nueva forma extrema de pensar sobre la comida será el cambio que transformará nuestras vidas para siempre. Sea como sea, la naturaleza de las dietas extremas es que tienden a desvanecerse rápidamente. Simplemente no resisten bien las exigencias de la vida. Y hay otra razón importante para evitar las dietas extremas y de moda: a menudo tienden a ser muy unidimensionales, centrándose en una visión muy estrecha de la ciencia dietética a costa de una visión más integral de una dieta saludable. Mi sugerencia es que elijas una dieta sostenible, basada en la ciencia y aprobada por tu médico. Si vas a invertir energía en seguir una dieta, vale la pena asegurarte de que sea una buena.

En tercer lugar, monitorea tu progreso. Con esto no quiero decir que te subas a la báscula cada media hora y te obsesiones con tu peso. Me refiero a que tomes medidas razonables para hacer un seguimiento de tus elecciones alimenticias, tu peso, y el tamaño de tu cintura. Afortunadamente, la tecnología puede ayudarte a hacer eso. Hay varias aplicaciones para teléfonos que te permiten hacer seguimiento de tus comidas y aprender sobre los puntos fuertes y débiles de tus elecciones de alimentos y aperitivos. En algunas de estas aplicaciones también puedes registrar tu peso. A medida que estas aplicaciones continúan mejorando, podrán orientarte también en tu dieta, utilizando los datos tanto de tus elecciones de comidas como de tu éxito en términos de medidas corporales. Se ha dicho que es muy difícil gestionar lo que no mides. La dieta es especialmente así. Incluso si no eres una persona a la que le guste registrar este tipo de cosas en el teléfono, vale la pena llevar algún tipo de diario de dieta.

Por último, si tu objetivo es orientar tu dieta de una manera que esté mejor adaptada para combatir el *burnout,* querrás investigar dietas que se consideren antiinflamatorias. Si el estrés está aumentando la inflamación en tu cuerpo, entonces sería muy deseable que tu dieta inclinara la balanza en la dirección opuesta. La buena noticia es que hoy sabemos muchas cosas sobre cómo tomar decisiones antiinflamatorias para tu dieta que no sabíamos hace años atrás. Con la orientación adecuada, es posible tener una dieta que reduzca la inflamación y que siga siendo agradable y sostenible. Curiosamente, una de las dietas que se ha identificado como generalmente muy antiinflamatoria es la dieta mediterránea.[19] Digo que es interesante porque es muy probable que ese fuera el tipo de dieta que Jesús y sus discípulos tenían cuando Él ministraba en la tierra. ¡Qué pensamiento!... que ser como Cristo en nuestra dieta podría ser, de hecho, una de las opciones más saludables que podríamos elegir para impactar de manera positiva nuestras vidas de estrés. Eso es bastante estupendo.

EL SUEÑO

Cuando investigaba para este libro, encontré el tema del sueño especialmente interesante. Resulta que las personas que no duermen bien tienden a sentirse más agotadas. Y quienes se sienten agotados suelen tener problemas con el sueño.[20] Es un círculo vicioso.

Antes mencioné que cuando hablo de dieta, sueño y ejercicio, a veces las personas levantan las cejas como si estuviera proponiendo estrategias que son tan imposibles como obvias. El sueño es especialmente así. Tendrías que ver cómo me miran cuando digo que deberían dormir siete horas y media de sueño reparador cada noche. Me dicen que les parecería maravilloso, pero que no hay modo de lograrlo. Algunos (como los internos de medicina o las mamás primerizas) tienen horarios que hacen difícil dormir esa cantidad de tiempo, mientras que otros lidian con insomnio o problemas de salud que dificultan el sueño. Sé que parece una locura decir que esas siete horas y media de sueño son innegociables, pero me reafirmo en esa locura. Claro que todos podemos pasar por periodos breves en nuestras vidas en los que acumulemos una deuda de sueño, pero privar a nuestro cuerpo del descanso necesario nunca es un buen plan en el largo plazo.

Entonces, ¿cómo poder dormir las horas que necesitas? Puede que esté repitiendo conceptos, pero este es otro tema del que debes hablar con tu médico. Él o ella puede ayudarte a elaborar un plan para alcanzar tus objetivos de sueño. Probablemente, una de las cosas que estará en ese plan será asegurarte de que tu higiene del sueño sea adecuada. Por higiene del sueño me refiero a asegurarte de enviar a tu cuerpo las señales correctas para que entienda lo que intentas lograr con el sueño. Por ejemplo, tu cama debería estar dedicada a dormir. No trabajes en tu cama si puedes evitarlo. No revises correos electrónicos ni navegues en redes sociales desde tu cama. Deja ese espacio reservado para el sueño. Si puedes, intenta hacer lo mismo con tu dormitorio. Cuanto más asocies tu cama y tu dormitorio con dormir, mejor. Al hacer eso, tu cerebro procesa estar en tu cama y en tu dormitorio como una señal de que es hora de dormir.

Es bueno mantener la tecnología fuera del dormitorio si es posible, y limitar la luz azul que emiten los dispositivos electrónicos al menos una hora antes de intentar irte a dormir. Si puedes, pon tu teléfono y otros dispositivos con notificaciones en algún modo de no molestar que solo suene en caso de emergencias reales. Limita la luz en tu cuarto cuando sea hora de dormir. Las cortinas opacas son una buena inversión si necesitas dormir durante el día. Y en la medida de lo posible, intenta desarrollar una rutina de sueño que no cambie mucho. Planea una hora para acostarte y cúmplela. Tu cuerpo funciona mejor cuando tu sueño sigue un ritmo. Ten en cuenta que *tu cuerpo está intentando entenderte*. Con esto quiero decir que gran parte de tu fisiología está diseñada por Dios para ajustarse a tus patrones diarios y optimizar las funciones para acompañar esos patrones. Por desgracia, cuando cambiamos constantemente nuestra rutina de sueño, a nuestro cuerpo le cuesta establecer ritmos que se adapten al propósito de dormir.

Es muy probable que si mejoras tu higiene del sueño, la cantidad y calidad de tu descanso mejoren. Pero ¿y si no mejora lo suficiente? A veces sucede. Cuando ese es el caso, podría ser buena idea hablar con tu médico sobre intervenciones farmacológicas para ayudarte a conseguir el sueño que necesitas. Escúchame bien. Sé que suele haber una reacción negativa instintiva hacia la idea de usar medicamentos como parte de una estrategia general para el sueño, porque ninguno de nosotros quiere usar un medicamento que cause dependencia o que pueda generar algún problema en el largo plazo. Esas preocupaciones son razonables, y hablar con tu médico sobre los posibles beneficios y riesgos de los medicamentos siempre debería formar parte de la toma de decisiones en estos casos; sin embargo, podría ayudarte saber en este contexto que a menudo se pueden implementar estrategias farmacológicas de dosis muy bajas y de bajo riesgo que pueden marcar una gran diferencia para conseguir el sueño que necesitas. El sueño es un pilar para tu salud física y emocional, así que decidir conformarte con menos sueño del que necesitas probablemente no sea el mejor camino a seguir. Vale la pena considerar todas tus opciones.

EL EJERCICIO

Puede parecer extraño proponer que el ejercicio (una actividad que de hecho pone a tu cuerpo bajo cierto estrés) sea una buena estrategia para combatir el *burnout* y el estrés crónico; sin embargo, el tipo correcto de ejercicio tiende a ser un estrés bueno para tu cuerpo. Piensa que en el modo de lucha o huida, tu cuerpo se está preparando realmente para escapar físicamente de una amenaza. Es decir que tu cuerpo se está preparando para el ejercicio. Cuando no haces ejercicio, tu fisiología, en cierto sentido, está preparada sin tener a dónde ir.[21] Pero cuando optamos por hacer ejercicio aeróbico en cantidades razonables, podemos aprovechar la respuesta que ha montado nuestro cuerpo, forzar un periodo de relajación (que tiende a seguir al ejercicio), y experimentar la liberación de endorfinas y sustancias similares a los opioides en el cerebro, que también ayudan en el proceso de reajustarse tras el estrés.

El ejercicio, como la dieta, desgraciadamente es un área de la vida en la que las personas suelen tener las mejores intenciones pero el peor seguimiento. Si todos los que tienen membresías frecuentaran los gimnasios de nuestras comunidades, no habría suficiente espacio ni equipo para ocuparse de las multitudes. Los gimnasios suelen operar sabiendo que un porcentaje considerable de las personas que pagan membresías no se presentarán. Y lo curioso es que muchas de esas personas renovarán su membresía cuando sea el momento, simplemente porque en su interior realmente tienen la intención de usarla. *Tan pronto como la vida se calme*, piensan, *estaré ahí*. Pero la vida rara vez se calma. Tendrás que sacar tiempo para el ejercicio.

Hay buenas noticias, sin embargo. Si eres una persona que necesita sacar tiempo para el ejercicio, déjame tranquilizarte: el tipo de ejercicio que necesitas hacer para combatir el *burnout* no tiene que hacerse en el gimnasio ni consumir mucho de tu tiempo. Sabemos por las investigaciones que no tienes que hacer los tipos de ejercicios que hacen los fisicoculturistas (levantar pesas muy pesadas, hacer *press* de banca con objetos grandes, etc.) para combatir el estrés.[22] De hecho, una escuela de pensamiento sostiene que el ejercicio aeróbico de intensidad media parece ser lo que más ayuda. Algo tan simple como dar un paseo por tu vecindario varias veces por semana cuenta como el tipo de ejercicio que puede dar grandes beneficios para ayudarte a lidiar con el estrés. Por supuesto, no hay nada de malo en desarrollar músculo, así que si quieres hacer cosas más intensas, adelante. Solo asegúrate de no descuidar el ejercicio de intensidad media que realmente puede ayudarte a librar una buena batalla en términos de estrés corporal.

La mejor manera de comenzar es hablar con tu médico. Pídele que te ayude a elaborar un plan básico de ejercicio semanal que se ajuste a tus propias capacidades físicas y objetivos. Luego, haz tu mejor esfuerzo para sacar tiempo para hacer ese ejercicio. Valdrá la pena al final. Podría interesarte saber que, según algunas investigaciones, el ejercicio ha sido tan efectivo como los medicamentos antidepresivos para combatir la depresión.[23] No estoy sugiriendo que una persona que toma antidepresivos los deje en favor del ejercicio. De hecho, estoy a favor de las buenas intervenciones psicofarmacológicas para la depresión. Pero es interesante que el ejercicio pueda ser tan poderoso que rivalice con algunos de los mejores medicamentos que tenemos para combatir la depresión. Podrías sorprenderte del bien que le harías a tu estado de ánimo y tu bienestar general al implementar un régimen realista de ejercicio en tu vida.

UNA PERSPECTIVA BÍBLICA

Antes de cerrar este capítulo, quiero tomar un momento para recordarnos a todos los que somos creyentes en Jesucristo que la manera en que abordamos el estrés en nuestros cuerpos tiene implicaciones sagradas. La Biblia nos dice que nuestros cuerpos son el templo del Espíritu Santo, y que una vez que entregamos nuestras vidas a Dios, nuestros cuerpos le pertenecen a Él también. La razón por la que menciono esto es porque puede ser fácil para nosotros ver los costos fisiológicos del estrés como una especie de precio a pagar en la vida. Podemos pensar que el impacto del estrés en nuestro cuerpo es como un precio que estamos dispuestos a pagar, actuando como si no fuera gran cosa tener con el tiempo un ataque al corazón o un derrame cerebral a causa del estrés. Nuestro lema puede fácilmente convertirse en *es lo que hay*. Pero la Biblia dice que los que somos creyentes somos administradores de nuestros cuerpos, no los dueños. Así que, dado que Dios nos ha dado estos cuerpos, es nuestra tarea, como buenos administradores, mantenerlos bien y sacarles el máximo partido. Y hacerlo significa que debemos tomarnos en serio la lucha contra el estrés a nivel físico.

Antes mencioné al profeta Elías y su lucha con el *burnout*. En este contexto, diría que es importante fijarnos en que, cuando el ángel ministró a Elías, el profeta fue obligado a comer dos veces, dormir, y dar una caminata muy larga. Eso es dieta, sueño y ejercicio. La fórmula no ha cambiado mucho en los últimos miles de años.

CAPÍTULO 3

PREGUNTAS DE DISCUSIÓN PARA GRUPOS PEQUEÑOS

1. Hablamos de muchos aspectos físicos de la vida en los que puede tener impacto el estrés. En la medida en que te sientas cómodo, podrías compartir con el grupo cómo crees que el estrés te afecta físicamente.

2. ¿Cómo influye la naturaleza física del estrés en la manera en que ves este pasaje de la Escritura? 1 Corintios 6:19-20: *¿No se dan cuenta de que su cuerpo es el templo del Espíritu Santo, quien vive en ustedes y les fue dado por Dios? Ustedes no se pertenecen a sí mismos, porque Dios los compró a un alto precio. Por lo tanto, honren a Dios con su cuerpo.*

3. En la medida en que te sientas cómodo, comparte con el grupo cómo ha sido tu experiencia con el ejercicio y la actividad física, y cómo han impactado en tu vida de estrés, ya sea de manera positiva o negativa.

4. En la medida en que te sientas cómodo, habla sobre tu experiencia con la nutrición. ¿Qué has experimentado cuando se trata de intentar comer de manera saludable?

5. ¿Qué has enfrentado en relación con la salud del sueño? ¿Has intentado estrategias de higiene del sueño para lograr un buen descanso? ¿Cuál ha sido tu experiencia con esas estrategias?

4

RECUPERA TU VIDA EMOCIONAL

Mike Wallace fue un titán del periodismo de investigación. Conocido por su estilo duro e implacable en las entrevistas, hacía que incluso los invitados más curtidos experimentaran lo que se llamaba "miedo a Mike".[1] De hecho, hubo un tiempo en el que se decía en broma que las cuatro palabras más temidas por quienes estaban bajo el escrutinio público eran: "Mike Wallace está aquí".[2] Wallace era un ejemplo de alguien que manejaba el estrés de maneras que pocos de nosotros podemos hacerlo. Hay pocas cosas tan estresantes como dirigir el tráfico mental en el contexto de una conversación de alto riesgo que está siendo grabada para que la vean millones de personas. Los profesionales del periodismo y las relaciones públicas entienden el impacto que una sola entrevista (incluso una sola cita extraída de ella) puede tener sobre la carrera de un periodista; sin embargo, Mike Wallace se enfrentaba sin temor a las figuras más importantes del mundo. Era el tipo de persona que enfrenta los mayores causantes de estrés de la vida sin pestañear.

Quizás recuerdes que en un punto anterior mencioné que personas como Mike Wallace desarrollan una especie de adaptación a los elementos que generan estrés, y que los hace parecer casi sobrehumanos. Pero también mencioné que, incluso para quienes viven en un estado de alta adaptación, llegará un momento en que se quedarán sin energía si no tienen cuidado. Eso le sucedió a Mike Wallace. En 1984 Wallace enfrentaba el dolor de un divorcio inminente y una demanda que cuestionaba su integridad como investigador.[3] Sin estar dispuesto a pausar su carrera para lidiar con esos problemas, programó entrevistas en la noche y asistió a los tribunales durante el día.[4] El tribunal era una pesadilla. Aunque finalmente ganó esa batalla legal, algunos testimonios fueron difíciles de escuchar. Hubo quienes sugirieron que le importaba más el dinero que la precisión periodística. Peor aún, algunos afirmaron incluso que le interesaban más los índices de audiencia que la estabilidad nacional.

¿Quién sabe cuál fue la gota que colmó el vaso? Tal vez fue el divorcio y ser desplazado del hogar donde había vivido por décadas. Tal vez fue el caso judicial. O quizás el horario inhumano que intentaba mantener. Tal vez fue la combinación de todo. Sea como fuere, una noche tocó fondo. Más adelante diría que sintió que simplemente "tenía que salir de aquí".[5] Y "aquí" no se refería a su apartamento, sino a la vida. En ese momento de desesperación escribió una nota de suicidio, se tomó un frasco entero de pastillas para dormir, y se acostó con la intención de no despertar. De no haber sido por la nueva mujer en su vida, que lo encontró en ese estado, Mike Wallace habría muerto en silencio, otra figura pública víctima del suicidio.[6]

Pasaron muchos años hasta que Wallace estuvo listo para hablar públicamente sobre esa noche oscura de 1984. Y, cuando lo hizo, culpó a un episodio de depresión por su sobredosis casi fatal.[7] Y eso es apropiado. Seguramente estaba deprimido. El *burnout* es un camino directo a la depresión. Sin embargo, sostengo que lo que causó que Mike Wallace colapsara de manera tan profunda fue un caso prototípico de *burnout* provocado por estrés crónico. Las consecuencias emocionales eran completamente previsibles si lo analizamos desde esa perspectiva. El *burnout* (y más específicamente el estrés crónico que lo provoca) tiene un impacto sobre el funcionamiento de nuestro cerebro, haciendo mucho más probable que la depresión y la ansiedad se apoderen de nosotros.[8]

Por cierto, Mike Wallace es solo uno de muchos ejemplos. En una época en la que Walt Disney estaba teniendo un éxito revolucionario con películas animadas, también llegó a un punto de *burnout*. En esos días, recordaba que la carga incesante de su trabajo lo llevó a una posición en la que le costaba hablar por teléfono sin llorar. "Era un desastre emocional...", recordó.[9] F. Scott Fitzgerald, el autor de *El Gran Gatsby*, atravesó una etapa de *burnout* tan devastadora que escribió un ensayo sobre esa experiencia, titulado "El Crack-Up", que más tarde fue incluido en un libro.[10]

El famoso comediante Charlie Chaplin, mientras atravesaba un doloroso divorcio y lidiaba con las presiones de la fama y las demandas de la creatividad cómica, intentó quitarse la vida saltando desde la ventana de un segundo piso. Poco después, en una entrevista, Chaplin comentó: "Mi habilidad como actor es muy etérea, muy frágil; no sabes si la chispa se apagará".[11] Esa declaración de Chaplin es relevante aquí. ¿Recuerdas la curva de estrés de la que hablamos en el capítulo 1? Cuando estás en el punto óptimo de esa curva, tu chispa será brillante y confiable. Serás creativo, flexible, capaz de recordar cosas, productivo, y emocionalmente estarás bien. Pero si te excedes demasiado, esa chispa será tenue y, como dijo Chaplin, "muy etérea, muy frágil".

Entonces surge la pregunta obvia: ¿cómo alguien como Mike Wallace llega a tener tendencias suicidas? Nos sorprendería menos un intento de suicidio de alguien emocionalmente inestable o débil, pero no de un hombre cuya fortaleza emocional era su marca personal. ¿Cómo alguien que normalmente es una roca emocional se convierte en gelatina emocional? Dos palabras: *cansancio extremo*. Manejar tus emociones es una de las tareas que más energía cerebral consumen. Y es posible quedarse sin esa energía. Cuando eso sucede, te sorprenderías de cuánto se pueden descontrolar tus emociones.

Aquí tienes un ejemplo. Piensa en el conductor más confiable que conozcas. Es probable que no tengas ningún problema en subirte al asiento del copiloto y dejar que te lleve en un viaje largo. Te sentirías seguro. De hecho, incluso podrías estar cómodo quedándote dormido, sabiendo que hay un conductor confiable al volante. Ahora imagina que ese conductor de confianza te dice que se siente somnoliento. Ves cómo su cabeza comienza a ladearse un poco, y parece que está justo en esa línea tan delgada entre estar despierto y dormido. ¿Cómo te sentirías al estar en el asiento del copiloto ahora? No importa cuán confiable sea el conductor, probablemente no dejarías tu vida en manos de alguien que está luchando contra el cansancio extremo. Sabes que, una vez que esa persona se duerma, toda su habilidad al volante será irrelevante, y lo próximo es el desastre.

El desastre es similar cuando alguien que normalmente es un experto en gestionar sus emociones se queda sin energía y comienza a colapsar. De hecho, si enfrentas un verdadero caso de *burnout* y te sientes emocionalmente drenado, podrías encontrarte actuando de maneras completamente fuera de tu carácter, tal como le sucedió a Mike Wallace al escribir una nota de suicidio y tomar un frasco de pastillas. Ese no era el Mike que sus amigos conocían y amaban. ¿Recuerdas a nuestras superratas del capítulo 2? Hubo un momento en el que, independientemente de lo bien que las ratas se habían adaptado a lo largo del tiempo, se quedaron sin energía para satisfacer las demandas de su entorno y colapsaron (murieron). Es similar el colapso que ocurre cuando creemos que siempre seremos capaces de adaptarnos a cualquier carga emocional o desafío que la vida nos presente. En algún momento el tanque de energía estará vacío, enfrentaremos una demanda emocional más grande de la que podemos manejar, y aunque es poco probable que sea fatal, habrá una especie de colapso interno. Emocionalmente, no será posible soportarlo.

EL ROSTRO DEL AGOTAMIENTO EMOCIONAL

Vi esto de primera mano hace años atrás con mi propio padre, quien me dio permiso para compartir su historia. Mi papá es el pastor principal de una de las iglesias más innovadoras y avanzadas de Estados Unidos. Bajo su liderazgo, la iglesia creció de unas 300 personas que asistían semanalmente a unas 7000 en la actualidad. Mark Hoover es conocido por su estilo de liderazgo pionero y, tal vez más que cualquier otra cosa, por su estabilidad emocional. Mi papá personifica la verdadera medida de un hombre descrita por Kipling en su poema "If", como alguien que puede "mantener la cabeza fría cuando todos a tu alrededor la están perdiendo y te culpan a ti". Vi a mi papá guiar a la iglesia a través de dos iniciativas importantes: la primera fue un gran proyecto de reubicación y construcción, y la segunda fue un cambio completo en el enfoque y estilo del ministerio. En ambos casos, lo vi lidiar con el estrés de arriesgarlo todo por una visión que le fue dada por Dios. También lo vi lidiar con ataques personales de aquellos que no compartían esa visión. Pero en todo ese tiempo, mi papá siguió siendo el hombre estable y sabio que siempre había sido. Si hubiera una imagen en una enciclopedia junto a la expresión "estabilidad emocional", habría nominado la fotografía de mi papá para ocupar ese espacio.

Sin embargo, el agotamiento emocional puede sucederle a cualquiera, incluso a aquellos que han superado tantas tormentas que parecen ser invencibles. Y me he dado cuenta de que siempre parece haber una última gota. No tiene que ser una catástrofe la que desencadene el apocalipsis emocional. Solo tiene que ser una cosa más cuando ya son demasiadas; una demanda más (por pequeña que sea) cuando ya no queda energía emocional. Para mi papá, diría que la última gota fue la partida de un miembro del personal, y amigo con quien había superado gran parte de la tormenta de la transición ideológica de la iglesia. El año era 2010, y yo acababa de unirme al equipo de personal de la iglesia como pastor asociado. Después de perder a este miembro clave del equipo que acabo de mencionar, mi papá y yo revisábamos cientos de currículums en busca de un reemplazo, dándonos cuenta de cuán difícil sería encontrar a alguien tan único como el que Dios había colocado en ese puesto durante los años anteriores.

Tal vez fue el estrés de perder a un gran amigo y compañero de ministerio. Quizás fue el estrés acumulado de tratar de encontrar a otra persona para ocupar ese lugar ahora vacío. Tal vez fueron los años de estrés siendo pionero liderando un ministerio a través de días desafiantes y noches sin dormir. Apostaría a que fue todo eso y más. Pero vi que finalmente pasó factura un día en nuestra reunión del equipo principal. Noté que mi papá no estaba bien; no era él mismo. Pedí quedarme unos minutos después de la reunión para hablar de algo con él, y asintió. Cuando todos se habían ido, intenté conversar con él sobre un tema menor y noté que no me miraba a los ojos. En cambio, estaba mirando al vacío con una expresión que nunca antes le había visto. Le hice una pregunta directa y no obtuve respuesta. Supe que algo andaba mal.

Ese mismo día, recibí llamadas casi simultáneas de mi mamá y del pastor ejecutivo de la iglesia, quienes me hicieron saber que mi papá no estaba bien. Querían que supiera que estaban tratando de conseguirle ayuda. Mientras tanto, como pastor recién nombrado de veintinueve años, me tocaba predicar los fines de semana en lugar de mi papá. Todos estábamos tratando de averiguar qué hacer. Y la única persona a la que normalmente habría pedido consejo estaba derrumbándose emocionalmente.

En ese momento, mi papá estaba convencido de que se estaba muriendo (lo cual no es inusual entre las personas que tienen crisis nerviosas). Estaba lidiando con intensos sentimientos de fracaso personal, a pesar de su claro historial de éxito, y era un desastre emocional. Alternaba entre momentos de ansiedad, caminando de un lado a otro con inquietud, y momentos de tristeza y depresión en los que lloraba. Aunque mi papá ama la música, no quería escucharla. Aunque normalmente disfruta ver comedias clásicas en la televisión o documentales, no quería tener pantallas encendidas. En sus peores momentos no confiaba realmente en nadie excepto en mi mamá, y dependía mucho de ella de una manera que no era nada normal en él. Era casi como si fuera una persona completamente diferente.

Así es el cansancio emocional extremo. Cuando te quedas sin energía para regularte emocionalmente, pierdes gran parte de lo que normalmente eres. Por ejemplo, dos de las cosas que más energía demandan de tu cerebro, en términos emocionales, son ayudarte a manejar tus ansiedades y regular tus motivaciones. Tomar decisiones sobre cómo lidiar con las reacciones ansiosas que tienes ante los factores estresantes y dificultades de la vida, requiere mucha energía. Lo mismo ocurre con mantenerte motivado para hacer lo que debes hacer y tener resiliencia al enfrentar obstáculos. Pero cuando te quedas sin energía para manejar esas cosas, te enfrentas a nuevas y desconocidas batallas con la ansiedad y la depresión. Mi papá estaba enfrentando eso. Después de varias semanas batallando con el *burnout,* apostaría a que fácilmente podría haber sido diagnosticado con trastorno depresivo mayor *y* trastorno de ansiedad generalizada. En mi opinión, la fuente de esos trastornos en esa etapa de su vida fue un tanque emocional completamente vacío. Simplemente no le quedaba energía para librar las batallas diarias con el estrés emocional que había combatido tan bien antes.

Por supuesto que el agotamiento emocional hará más que hacerte sentir ansioso o deprimido. Te dejará sintiéndote emocionalmente entumecido en algunos momentos y extremadamente sensible en otros. Notarás que tienes menos paciencia que antes, porque esa paciencia está hecha (sí, lo adivinaste) de energía emocional. Cuanta menos energía emocional tengas, menos paciencia tendrás también. Te estresarás y priorizarás cosas que no son relevantes, y postergarás lo que realmente necesita tu atención.

Tal vez cedas a la tentación en áreas donde normalmente tendrías autocontrol, porque el autocontrol requiere mucha energía emocional. Probablemente comiences a verte a ti mismo de manera negativa, sintiéndote un fracaso en algunos momentos y con una difusa y borrosa sensación de vergüenza en otros. Como podrás imaginar, la razón de todo eso es que la confianza en uno mismo requiere energía emocional.

La lista continúa. Confiar requiere energía emocional, así que te podría costar saber en quién confiar y creer. La autopreservación requiere energía emocional, así que podrías dejar de dar prioridad a tus rutinas de cuidado personal. Incluso tu relación con Dios requiere cierta energía emocional. Por eso podrías experimentar que en un momento en el que necesitas sentir a Dios más que nunca, percibes menos su presencia.

PUEDES RECUPERARTE (Y LO HARÁS)

En un avión camino a buscar ayuda para su angustia emocional, mi papá miró a mi mamá y le dijo: "No sé si alguna vez podré regresar". Creo que esa es una sensación con la que casi todas las personas que enfrentan un caso grave de *burnout* pueden identificarse. Cuando tienes una crisis debido al estrés, es fácil pensar que nunca te recuperarás ni volverás a ser la mejor versión de ti mismo. Pero créeme; he visto esto repetirse muchas veces con las personas a las que he aconsejado a lo largo de los años, y te puedo decir: puedes recuperarte, y es muy probable que estés mejor que nunca.

Mi papá pasó varias semanas lejos de NewSpring Church buscando ayuda para su angustia emocional. Y cuando regresó a su papel en NewSpring, tuvo que reincorporarse al trabajo de manera algo gradual. Pero cualquiera que haya presenciado sus trece años de ministerio desde entonces, te dirá que su mejor etapa ministerial ha sido *después* de su lucha con el *burnout*. Estoy seguro de que tus mejores días también están por llegar.

La clave aquí es entender que *tu energía emocional es un recurso valioso*. Cuando ese pozo se seca, tu prioridad debe ser encontrar maneras de reponer esa energía. Después, tu siguiente prioridad debe ser encontrar maneras de evitar agotarte de esta manera en el futuro. Si logras hacer esas dos cosas, estarás en el buen camino para ganar tu batalla contra el *burnout*.

DESCANSA LO MISMO QUE TE ESTRESAS

Hasta ahora he estado defendiendo la idea de que tu energía (tanto física como emocional) es un recurso finito y agotable. Ahora las buenas noticias: también es un recurso *renovable*. No estás atascado en un nivel fijo de energía para enfrentar los desafíos de la vida; puedes recargar tu tanque de energía. La manera de hacerlo es *usando el descanso estratégicamente*. En resumen, si quieres una vida balanceada y saludable, necesitas *descansar lo mismo que te estresas*. Cualquier energía que utilices, debes reponerla. Y esa reposición viene de permitirte recuperarte desconectándote de la rutina.

Por cierto, cuando hablo de uso estratégico del descanso quiero decir que *tu forma de descansar no debería ser algo improvisado*. Déjame explicarlo: hoy fui al gimnasio a hacer ejercicio. No es necesario aplaudir. No había estado allí en meses. Regresé al gimnasio en un esfuerzo por retomar un estilo de vida más saludable. Esa es una parte. La otra es que me he dado cuenta de que pasar tiempo en el gimnasio me ayuda muchísimo a escribir sobre el estrés. Por todo el gimnasio ves ejemplos de cómo puedes usar el estrés a tu favor: para desarrollar fuerza en lugar de agotarla. Hoy escuché a un entrenador personal explicándole a un nuevo cliente la rutina de ejercicio que había diseñado para él. Le dijo que debía tomarse un descanso de tres minutos entre las series de alta intensidad.

"¿Tres minutos?", interrumpió el cliente. "No necesito tres minutos entre series. Dame treinta segundos y estaré listo para continuar".

A mí también me sorprendió escuchar que recomendaba tres minutos. Ni siquiera sabía que se debían cronometrar los periodos de descanso. Generalmente, cuando me preparaba con un entrenador años atrás, los descansos eran como un mal necesario entre las series. Eran algo que simplemente se hacía. Sin parámetros, sin pautas: se suponía que sabías instintivamente cómo descansar.

Después de escuchar esa conversación en el gimnasio, me dio curiosidad; por lo tanto, cuando llegué a casa hice lo que mejor hacen los profesores universitarios: consulté fuentes académicas de investigación. Me sorprendió descubrir que la investigación realmente respalda la idea de que *la forma en que descansas* puede ser extremadamente importante para la efectividad de tu entrenamiento.[12] Y más relevante para nuestra discusión sobre el *burnout* y el manejo del estrés, la forma en que los culturistas descansan tiene mucho que ver con cuánto peso pueden levantar y cuántas repeticiones pueden hacer. De esto podemos extraer la idea de que la forma en que descansas afecta cuánto estrés en la vida puedes manejar antes de que tu cuerpo y tu mente te obliguen a detenerte por completo.

Otra cosa que noté en la investigación es que los periodos de descanso más largos eran necesarios para quienes intentaban levantar peso al límite de sus capacidades.[13] Una persona capaz de hacer *press* de banca con ciento cincuenta kilos no necesita un descanso de tres minutos entre series ligeras. Por otro lado, si maximiza su capacidad y levanta los ciento cincuenta kilos completos, necesitará esos largos periodos de descanso entre series para lograr su nivel óptimo de rendimiento.

Supongo que estás leyendo este libro porque tú o alguien a quien amas se está empujando al límite de sus capacidades. Si ese es el caso, *descansar lo mismo que te estresas es crucial.* Entonces, como en el ejemplo de descansar entre series de entrenamiento que hemos usado aquí, lo más probable es que los periodos de descanso que necesites sean más largos de lo que crees. Pero la investigación sobre el ejercicio muestra que cuando las personas descansan estratégicamente, su resistencia y estabilidad en el rendimiento aumentan. Eso es lo que necesitamos cuando se trata de desarrollar fuerza emocional para batallar contra el *burnout.*

TRES TIPOS DE DESCANSO

Ya he subrayado una cosa que puedes hacer para mejorar tu rutina de descanso: dormir lo suficiente y mejorar la calidad de tu sueño. Ahora quiero ampliar nuestra idea de descanso más allá de nuestras rutinas nocturnas de sueño. Para apoyar la idea clave de que necesitas *descansar lo mismo que te estresas,* catalogaremos como forma de descanso *cualquier cosa que te permita desconectar de tu carga de estrés* y *reponer tu energía.*

La idea de desconectar de tu carga de estrés puede parecer imposible en este momento. Lo más probable es que estés leyendo este libro porque estás pasando por un periodo particularmente estresante. Y probablemente pienses que, aunque la idea de tomar un descanso de tus cargas es muy agradable, simplemente no es factible. Sin embargo, para todos los que dicen que tomarse un descanso no es una opción, debo darles una dosis de realidad un tanto cruda: lo cierto es que en algún momento tomarás un descanso. Puedes tomar un descanso ahora, de manera estratégica y bajo tus propios términos, o la vida te obligará a hacerlo más adelante, y no será tan manejable.

Dicho de otra manera, puedes desconectar y recargar o puedes "quemarte". Pero eso no debería sorprendernos. Estamos acostumbrados a esto. Cada noche, antes de acostarme, conecto mi teléfono inteligente para que se recargue. No lo hago porque recargar mi teléfono sea un gran placer en mi vida ni porque lo disfrute. Lo conecto porque es una oportunidad para poner solución a la energía limitada de ese dispositivo en mi propio horario, bajo mis propios términos y de una manera que cause la menor interrupción en mi vida. Si decidiera no recargar el teléfono, igualmente enfrentaría una interrupción más tarde… cuando el teléfono se quede sin energía por completo. Solo que entonces será menos conveniente y menos predecible.

Por eso insisto en que el descanso estratégico (desconectar y recargar de forma estratégica) es la manera de tomar el control del estrés en tu vida. Es la forma de asegurar, de manera predecible, que tu bienestar emocional se mantenga fuerte incluso cuando tienes que lidiar con grandes cargas de estrés. Déjame animarte a resistir la tentación de decirte a ti mismo que no puedes permitirte desconectar. Solo recuérdate que *recargar no es una opción*. El descanso sucederá. Las opciones son *cómo* y *cuándo* recargarás.

Así como hablamos de tres componentes principales del bienestar físico que pueden usarse para combatir el *burnout* (la alimentación, el sueño y el ejercicio), ahora veremos tres componentes del descanso estratégico que pueden ayudarte a recargar tu tanque de energía emocional: tomar descansos, actividades vigorizantes y técnicas de relajación.

TOMAR DESCANSOS

Cuando se trata de descanso estratégico, tomar un descanso puede ser lo más impactante y poderoso que puedes hacer, y también puede ser la opción que te resulte menos cómoda de utilizar. Pensar en alejarte de tu situación, aunque sea brevemente, puede generar cierta ansiedad porque cuanto más estresado te encuentres, más probable es que pienses que, sin tus esfuerzos constantes, el mundo se derrumbará. No lo digo de manera burlona. Entiendo que tu presencia y tu capacidad para resolver problemas activamente en la situación que enfrentas ahora mismo están marcando una gran diferencia.

Por ejemplo, conozco a varias personas en este momento que están lidiando con el *burnout* debido a que deben cuidar a un padre anciano o a un cónyuge con una enfermedad terminal. Por supuesto que están marcando una *gran* diferencia al estar ahí y brindar cuidado. Y, en mi opinión, están demostrando el amor de Jesús al proporcionar ese cuidado y apoyo amoroso. Pero recuerda lo que mencionamos antes: si no se toman descansos estratégicos para recargar energías, la vida los obligará a tomarse un descanso en algún momento.

DESCANSOS CORTOS

Aquí hay un pensamiento clave que puede ayudarte a aceptar la idea de tomar descansos estratégicos: *los descansos breves cuentan*. A veces pensamos en los descansos como algo que debe ser largo y elaborado, como unas vacaciones de dos semanas en la playa o un año sabático. Estoy totalmente a favor de los años sabáticos y las vacaciones en la playa (quizás ambos al mismo tiempo), pero puedes ser un experto en tomar descansos sin llegar a tales extremos. De hecho, los descansos muy cortos (a veces llamados "microdescansos") pueden ser efectivos.

En un estudio, se les dio a los cirujanos la oportunidad de probar a tomar microdescansos durante operaciones quirúrgicas prolongadas. Además de tomar un momento para recuperarse del estrés constante de la operación, pudieron hacer algunos estiramientos físicos básicos y ejercicios que eran viables en un entorno quirúrgico estéril. Los resultados fueron muy alentadores. Más del 34 por ciento de los cirujanos dijo que su enfoque mental mejoró simplemente al realizar la rutina de microdescansos. Sumado al más del 53 por ciento que dijo que su enfoque mental era el mismo de siempre, se obtiene que más del 87 por ciento de los cirujanos dijeron que su enfoque era tan fuerte como siempre o incluso mejor cuando tomaban esos microdescansos. Aquí tienes una estadística todavía más alentadora: más del 57 por ciento de los cirujanos dijo que su rendimiento físico (que presumiblemente estaría relacionado con la tensión que sentían en sus cuerpos y su coordinación cerebro/mano/ojo) mejoró como resultado de los microdescansos.[14]

Mi punto es que si estás pensando: *mi situación no me permitirá tomar descansos largos*, eso no debería impedirte experimentar el poderoso beneficio que puede brindar el descanso estratégico. Toma los descansos que puedas, cómo puedas; marcará la diferencia. Hay muchas formas diferentes de estructurar un descanso significativo y vigorizante. Haz lo que funcione para ti. En mi propia práctica de tomar descansos, he encontrado tres elementos importantes de un gran descanso: cambio de enfoque, relajación y gratitud. Aquí te dejo una breve rutina que puedes usar para practicar los tres. Más adelante compartiré varias otras técnicas que puedes usar para relajarte. Por ahora, simplemente echa un vistazo a este pequeño guion para descansar y busca los tres componentes que mencioné.

DESCANSO SENTADO EN UNA HABITACIÓN TRANQUILA - VERSIÓN NO RELIGIOSA

> Es hora de descansar. Es momento de dejar ir lo que estabas pensando al entrar en esta habitación y sentarte. Piensa por un momento en lo que te estaba estresando hace unos momentos. Imagina que pones ese problema dentro de una caja de cartón que está atada a varios globos grandes y coloridos. Enseguida, los globos levantan la caja en el aire y el viento la lleva lejos, suavemente. Observas cómo desaparece de tu vista. Regresará más tarde; por ahora, ese problema está a la distancia. Estás aquí ahora, y es un buen momento para prestar atención a lo que indudablemente también está aquí. Tu respiración está aquí. Siente cómo tu respiración entra y sale lentamente. Si puedes, toma una respiración profunda por la nariz y déjala salir lentamente por la boca, como si estuvieras exhalando por una pajita. Siente cómo tu cuerpo se calma mientras exhalas lenta y suavemente. Si es posible, gira suavemente el cuello de un lado a otro, luego encoge y rota los hombros suavemente. Finalmente, levanta las manos al aire y estírate como si acabases de despertar y estuvieras anticipando un día nuevo y grandioso. Ahora, al sentarte de nuevo en una posición cómoda, siente cómo los músculos que

acabas de estirar se relajan. Piensa por un momento en un lugar agradable de tu infancia o en un recuerdo agradable. Imagina los colores, sonidos, olores y texturas de ese lugar. Por un momento, date permiso para recordar todo lo que puedas sobre ese momento o lugar agradable. Luego, mientras mentalmente descansas en ese lugar, pregúntate: *¿Por qué estoy agradecido? ¿Quién o qué en mi vida puedo celebrar que es una auténtica bendición en este momento?* Descansa por un momento en esa gratitud. Ahora, mientras te preparas para terminar tu descanso, toma tres respiraciones profundas y empieza a permitir que esa caja con globos regrese suavemente hacia ti. La caja es pesada, pero descansos como este te ayudarán a cargarla. Y mientras llevas la caja fuera de esta habitación, recuerda también llevar contigo la gratitud que practicaste antes. Te ayudará a aliviar la carga de lo que sea que haya dentro de la caja.

DESCANSO SENTADO EN UNA HABITACIÓN TRANQUILA - VERSIÓN CRISTIANA

Es hora de descansar. Es momento de dejar ir lo que estabas pensando al entrar en esta habitación y sentarte. Piensa por un momento en lo que te estaba estresando hace unos momentos. Imagina que ponemos ese problema dentro de una caja de cartón, que llevas a Jesús y le pides que la sostenga por ti mientras tomas este descanso. De hecho, tómate un momento y cuéntale a Jesús qué has puesto en la caja. Él está aquí en esta habitación contigo. La caja es imaginaria, pero tú eres real, Jesús es real y el problema es real. Cuéntale qué hay en la caja. Pídele que la sostenga. Él lo hará. Y como el problema ya no está en tus manos, puedes tomar un momento para estar completamente presente. Estás aquí ahora, y es un buen momento para prestar atención a lo que también está indudablemente aquí. El Espíritu Santo está aquí contigo. Como creyente, puedes descansar sabiendo que Dios mismo está contigo a través de su Espíritu Santo. ¿Adivina cuál es uno de los mayores propósitos del Espíritu Santo? Consolarte. Tómate un momento para asimilar que el Dios del universo quiere consolarte en este momento. Dios está aquí contigo. Tu respiración está aquí también. Es bueno tomar un momento para conectar con lo que está sucediendo en tu cuerpo, y tu respiración te ayudará a hacerlo. Siente cómo tu respiración entra y sale lentamente. Si puedes, toma una respiración profunda por la nariz y déjala salir lentamente por la boca, como si estuvieras exhalando por una pajita. Siente cómo tu cuerpo se calma mientras exhalas lenta y suavemente. Si es posible, gira suavemente el cuello de un lado a otro, luego encoge y rota los hombros suavemente. Finalmente, levanta las manos al aire y estírate como si acabases de despertar y estuvieras anticipando un gran día nuevo. Ahora, al sentarte de nuevo en una posición cómoda, siente cómo los músculos que acabas de estirar se relajan. Piensa por un momento en un lugar agradable de tu infancia o en un recuerdo agradable. Imagina los colores, sonidos, olores y texturas de ese lugar. Por un momento, date permiso para recordar todo lo que puedas sobre ese momento o lugar agradable. Luego, mientras mentalmente descansas en

> ese lugar, pregúntate: *¿Por qué estoy agradecido? ¿Quién o qué en mi vida puedo celebrar que es una auténtica bendición en este momento?* Descansa un momento en esa gratitud. Recuerda que Dios ha estado sosteniendo tu caja por ti. Antes de acercarte a Él para pedir por lo que hay en la caja, cuéntale aquello por lo que estabas sintiendo agradecimiento. Él ha prometido darte paz si le hablas de dos cosas: lo que hay en la caja y aquello por lo que estás agradecido. Después, al acercarte a Jesús y a la caja que le diste, pídele dirección sobre qué deberías llevarte de la caja y qué deberías dejar con Él. Tu tarea no es cargar todo eso tú solo. Ahora, mientras te preparas para terminar tu descanso, toma tres respiraciones profundas, piensa en algo que te haga sonreír y recuérdate a ti mismo que Dios está contigo.

Si hacer este tipo de rutina te resulta extraño o incómodo, no deseches el trigo con la paja. Tómate un descanso breve y bebe una botella de agua. Escucha una de tus canciones favoritas en tu teléfono. Busca un cuadro abstracto en tu teléfono y permítete disfrutar y reflexionar sobre los colores, texturas y patrones (Van Gogh es uno de mis favoritos). Si encuentras relajante algún olor en particular, ve a una tienda de velas y compra una con un aroma que te guste, y disfruta ese aroma durante tu descanso. Si eres una persona muy táctil, ve a una tienda de telas y compra un pequeño pedazo de tela con una textura que te guste. Durante tu descanso, frota tus dedos sobre la textura de la tela para ayudarte a calmarte. Cualquiera de estas cosas puede funcionar, y hay un millón de maneras de tomar descansos que no he mencionado. Pero, si no decides probar las pausas estratégicas, no sabrás qué funciona para ti. Haz un desafío de una semana y planea tomar tres microdescansos al día durante esos siete días. Si no te aporta nada, está bien. Pero tengo la corazonada de que notarás suficiente diferencia como para creer en los microdescansos.

DESCANSOS MÁS LARGOS

Aunque los descansos breves cuentan, a veces necesitas un descanso más largo. En el capítulo 2 hablamos de las superratas. Mencioné que cuando una superrata colocada en el refrigerador más frío comienza a quedarse sin energía, morirá a menos que sea retirada completamente del frío. Eso significa que morirá incluso si solo es trasladada a un refrigerador menos frío. ¿Qué significa eso en el mundo real? Significa que hay momentos en los que es necesario un descanso prolongado. Diría que la duración del descanso debería ir en proporción a la gravedad de la crisis de estrés. Antes hablé de la experiencia de mi padre cuando atravesó un colapso emocional y físico. El tiempo que pasó completamente desconectado de su carga habitual de estrés fue de entre cinco y seis semanas. Para algunos, eso puede parecer un descanso muy largo; pero la gravedad de la crisis requería más que unos pocos días libres.

Si estás leyendo este libro porque tú o alguien a quien amas está pasando por una profunda crisis de estrés, en la cual hay un colapso emocional total, puede ser necesario un descanso completo del trabajo y de situaciones estresantes (en la medida de lo posible). Y añadiría rápidamente que un descanso como ese debe incluir buscar ayuda de terapeutas y médicos que puedan trazar una trayectoria hacia el bienestar. Unas palabras de advertencia: ten cuidado de no arruinar la efectividad de un descanso prolongado colando trabajo u otras fuentes de estrés en tu periodo de recarga. Si estás comprometido a no prolongar más de lo necesario tu descanso largo, mantén ese tiempo lo más libre de trabajo posible.

Tampoco confundas un cambio de lugar con tomar un descanso. Conozco a personas que piensan que están tomando un descanso cuando se van de crucero cinco noches con excursiones planeadas para cada día que están fuera. Una vez que terminan de hacer turismo, bucear, fotografiar ruinas mayas y catar vinos, se sorprenden de que no se sientan profundamente relajados después de su tiempo libre. Un descanso debería ser un descanso. Cambiar un tipo de estrés por otro estropeará cualquier beneficio que el descanso pueda tener para ti. Pero tampoco estoy sugiriendo que debas quedarte quieto en un banco del parque mirando al vacío todo el día cuando tomes un tiempo estratégico libre. Eso me volvería loco. Lo que digo es que las actividades en las que te involucres deberían ser actividades que te vigoricen. Te preguntarás ¿qué es eso? Sigue leyendo, amigo mío.

ACTIVIDADES QUE VIGORIZAN

Descansar no significa solamente lo que decides no hacer. También se trata de lo que decides hacer. Si puedes escribir en este libro, toma una pluma y anota las diferentes actividades de tu vida que encajan en cada categoría de la gráfica de abajo. ¿Cuáles son actividades que son intensamente agotadoras, agotadoras, desafiantes, vigorizantes o intensamente vigorizantes para ti? Cuando comiences a colocarlas en la gráfica, te darás cuenta de que no todas las *acciones* son iguales. Algunas cosas que haces pueden ser intensamente revitalizantes, mientras que otras pueden agotar tu energía de manera significativa. En esta sección, hablamos de esas actividades que se encuentran en las categorías de vigorizantes o intensamente vigorizantes. Son las cosas que puedes hacer y que cuentan como descanso estratégico.

Antes de completar la gráfica, permíteme aclarar algo. En los primeros días en que utilizaba esta gráfica, solía decirles a las personas que no podían incluir actividades laborales en las categorías de vigorizantes o intensamente vigorizantes. No estoy seguro de por qué lo hacía. Creo que era porque suponía que el descanso estratégico no debería incluir nunca el trabajo, y también estaba convencido de que muchas de las personas agotadas a las que ayudaba eran adictas al trabajo. En ese momento, pensaba que parte de mi trabajo era recordarles que si veían que su empleo era adictivo, necesitaban desintoxicarse de esa droga.

Ahora he cambiado de opinión. El hecho de que encuentres partes de tu trabajo intensamente vigorizantes no significa que seas un adicto al trabajo. Solo significa que probablemente has encontrado una ocupación que encaja muy bien contigo. Así que siéntete libre de incluir tanto actividades laborales como no laborales en tu gráfica. Sin embargo, si descubres que tu gráfica está completamente llena de actividades laborales y no hay ninguna otra actividad listada, quizás quieras considerar si tu vida se está volviendo un tanto unidimensional. No importa cuán genial sea tu trabajo, la vida debería ser algo más que tu empleo. Bien, se acabaron las advertencias. Completa la gráfica y comprueba dónde te encuentras.

Aquí no puedes comparar notas con los demás. Lo que es intensamente vigorizante para alguien más podría ser agotador para ti.

FIGURA 4.1

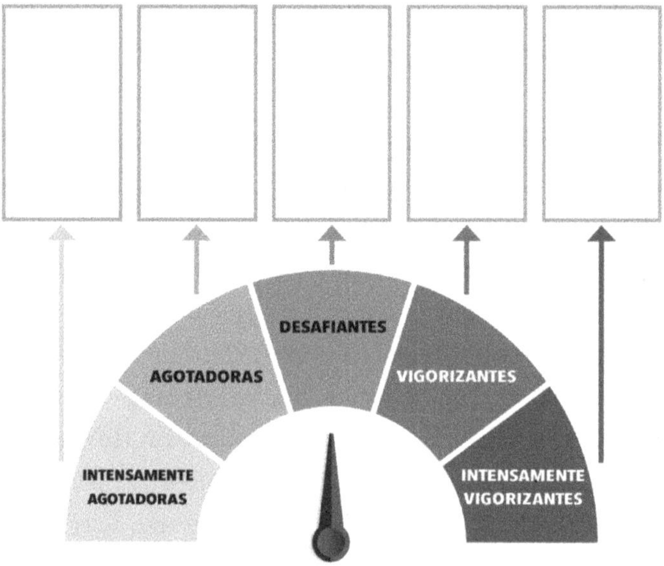

Saber qué debería ir en estas casillas es una cuestión de consciencia personal, y ensayo y error. Por ejemplo, descubrir que me gusta trabajar con las manos y probar muchos pasatiempos diferentes me llevó a darme cuenta de que la carpintería es muy vigorizante para mí. Tal vez para ti la carpintería sea frustrante o aburrida. Por otro lado, hay personas en mi vida que aman el golf. Yo realmente quiero amarlo también. Simplemente no puedo. Aunque el golf es una actividad vigorizante para ellos, para mí se encuentra entre el extremo bajo de desafiante y el extremo alto de agotador en esta gráfica. Si juego golf, es porque disfruto al pasar tiempo con las personas que me invitan, pero sé de antemano que no recargará mis baterías. Por lo tanto, si alguien te dice que tiene el pasatiempo perfecto para ayudarte a desestresar, sonríe y asiente educadamente, pero ten en mente que nadie más que tú, y tal vez las personas más cercanas a ti, sabrán qué es lo que realmente te revitaliza. No te sorprendas si pruebas una actividad de relajación infalible para alguien más, y eso te pone más tenso. Esto es algo personal. Requiere una solución personal.

Te explicaré cómo usar esta gráfica. Te animaría a ver si es posible delegar o dejar de hacer actividades que aparezcan en la categoría de intensamente agotadoras cuando sea razonable hacerlo. Por supuesto, no sería apropiado dejar de cuidar de un ser querido, incluso si es intensamente agotador. En casos como ese, sin embargo, valdría la pena ver qué se podría hacer para cambiar las tareas relacionadas con el cuidado de esa persona, de manera que migren a las categorías de agotador o desafiante de la gráfica. La verdad es que no queremos dejar ninguna actividad en la categoría de intensamente agotador por mucho tiempo. Cuando estás trabajando y gastando energía, está bien que la aguja apunte hacia lo desafiante con frecuencia y hacia lo agotador de vez en cuando, pero también queremos que la aguja suba hacia las zonas vigorizantes con la misma frecuencia. Sin embargo, cuando estás tratando de descansar, esa aguja debería quedarse en las zonas vigorizantes o intensamente vigorizantes. Si está rebotando entre lo desafiante y lo agotador, no estás descansando.

TÉCNICAS DE RELAJACIÓN

Antes de terminar este capítulo sobre el descanso estratégico como manera de recargar emocionalmente, me gustaría mencionar otra estrategia de descanso que recibe mucha atención en la actualidad. Es poco probable que leas algún libro sobre estrés o *burnout* sin encontrar algo sobre técnicas de relajación. Y hay muchas de esas técnicas. Tal vez hayas oído hablar del uso del yoga, la consciencia plena o la meditación como formas de reducir el estrés. Alternativamente, quizás hayas leído sobre la relajación progresiva, la fisioterapia o incluso los masajes como estrategias de relajación estratégica. Entonces, ¿qué pasa con ellas?

En general, estas técnicas de relajación funcionan muy bien.[15] La razón por la que funcionan es que hay una conversación bidireccional entre tu cerebro y el resto de tu cuerpo sobre cuán estresado estás o deberías estar.[16] Cuando tu cerebro experimenta estrés, envía señales al cuerpo que entonces lo preparan para estar estresado. Cuando el cerebro después evalúa al cuerpo y descubre que está estresado (tensión muscular, respiración superficial, etc.), se estresa aún más y envía señales de estrés aún más fuertes al cuerpo. Es como un bucle de retroalimentación.

Hay dos maneras de detener ese bucle. Puedes calmar tu cerebro y convencerlo de que deje de alarmar a tu cuerpo, o puedes calmar tu cuerpo con el objetivo de enviar señales tranquilizadoras a tu cerebro. Algunas técnicas de relajación están orientadas a calmar tu cuerpo, lo cual es normalmente más fácil que tratar de convencer a tu cerebro de que se relaje. Ejemplos de estas técnicas serían los ejercicios de respiración y la relajación progresiva. Otras prácticas como el yoga o la meditación de la consciencia plena están destinadas a calmar tanto el cerebro como el resto del cuerpo.

La buena noticia es que, en términos generales, la mayoría de las técnicas de relajación principales hacen un excelente trabajo para reducir el estrés general, así que no temas probarlas, siempre que las aprendas de fuentes confiables y tu médico las apruebe. Para los cristianos, es bueno saber que en las comunidades de yoga y consciencia plena hay muchas personas que integran misticismo oriental en sus prácticas, lo cual a veces entra en fuerte conflicto con las creencias cristianas. La buena noticia es que estas creencias incompatibles con el cristianismo no son necesarias para realizar y beneficiarse de los ejercicios de yoga o consciencia plena. La noticia aún mejor es que en los últimos años han surgido varios modelos de yoga y consciencia plena orientados al cristianismo, y yo, por mi parte, estoy muy agradecido por la oportunidad de probarlos.

UNA PERSPECTIVA BÍBLICA

Si creciste asistiendo a la escuela dominical como yo, probablemente estés familiarizado con la historia de Jesús alimentando a más de cinco mil personas con el almuerzo de un niño. Probablemente recuerdes que la razón por la que Jesús tuvo que alimentar a estas personas fue que los discípulos estaban con Jesús en un lugar remoto donde no había vendedores para comprar comida. Entonces, ¿por qué estaba Jesús en un lugar remoto? Retrocede unos versículos y lo verás:

> *Los apóstoles regresaron de su viaje y le contaron a Jesús todo lo que habían hecho y enseñado. Entonces Jesús les dijo: «Vayamos solos a un lugar tranquilo para descansar un rato». Lo dijo porque había tanta gente que iba y venía que Jesús y sus apóstoles no tenían tiempo ni para comer. Así que salieron en la barca a un lugar tranquilo, donde pudieran estar a solas.* Marcos 6:30-32

La gira ministerial que se menciona aquí fue cuando Jesús envió a los discípulos para ministrar en grupos de dos. Debido al poder divino que se les había otorgado, despertó mucho interés su capacidad para enseñar, sanar a las personas y expulsar espíritus malignos. Al regresar y reunirse, también lo hicieron las multitudes que se habían congregado durante su temporada de ministerio independiente. Habían estado ministrando separados unos de otros. Imagina la energía al estar ahora juntos como grupo, ministrando con este nuevo poder que Dios les había dado. Pero en medio de esta gran oleada de ministerio y enfoque del poder de Dios en un área, Jesús inesperadamente dijo que necesitaban alejarse como grupo. ¿Por qué? Con el propósito de *descansar intencionalmente*. Es fácil decir que no tenemos tiempo para descansar. Los discípulos de Jesús ni siquiera tenían un "momento oportuno" para comer, pero Él los animó a reordenar sus prioridades y *apartar el tiempo* para descansar.[17] Eso es descanso estratégico. De eso hablamos nosotros también.

Esa es la razón por la que las multitudes terminaron en un lugar tan remoto; porque siguieron a Jesús, quien tenía la intención de llevar a sus discípulos a un "lugar tranquilo, donde pudieran estar a solas" (Marcos 6:32). La lección aquí es que todos tenemos la necesidad en nuestros corazones de encontrar un lugar tranquilo donde podamos estar a solas con Dios con el propósito de descansar intencionalmente. Un lugar donde podamos "quedarnos quietos y saber" (Salmos 46:10) que Él ha "vencido al mundo" (Juan 16:33) y a las situaciones que enfrentamos en él. Un lugar donde podamos recordar que "separados de [él] nada [podemos] hacer" (Juan 15:5). Y un lugar donde, en nuestra quietud, podamos observar "cómo el Señor los rescatará hoy" (Éxodo 14:13).

Es ahí donde ganamos nuestra batalla contra el agotamiento emocional. La ganamos en nuestros lugares tranquilos, tomando descansos, realizando actividades donde nuestra pasión recarga nuestras energías, y en nuestra capacidad de relajarnos, sabiendo que Dios puede manejar lo que nosotros no podemos.

CAPÍTULO 4

PREGUNTAS DE DISCUSIÓN PARA GRUPOS PEQUEÑOS

1. ¿Has visto a alguien minimizar las emociones, insinuando que no son una parte importante de la vida? ¿Cuál es tu opinión sobre la importancia de las emociones en la vida?

2. ¿Cuál ha sido tu experiencia al tomar descansos? ¿Te ha ayudado con el estrés? ¿Qué haces en los descansos para recargar?

3. ¿Qué tipo de actividades de descanso funcionan para ti y cómo logras priorizarlas?

4. ¿Crees que alguna vez te relajas realmente? Si es así, ¿cuál es tu estrategia para relajarte? ¿Funciona bien? ¿Tiene algún inconveniente?

5. Según tu entendimiento de la Escritura, ¿qué tan importante crees que es nuestra salud emocional para Dios?

5

RECUPERA TU VIDA RELACIONAL

Querido cónyuge agotado.

No sé cómo ayudarte. Te he visto enfrentar el mundo por mucho tiempo, y tengo sentimientos encontrados. Estoy orgulloso de lo que estás haciendo y de lo que has logrado, pero también estoy muy preocupado por cómo te está afectando todo esto. Ya no es lo mismo entre tú y yo. Antes tenías una pasión inmensa por nuestra relación. Ahora siento que nos tienes en piloto automático. Y eso duele. La mayor parte del tiempo, cuando hablo contigo, parece que estás a un millón de kilómetros de distancia. Me doy cuenta cada vez más de que, aunque estés conmigo físicamente, emocionalmente estás en otro lugar. Es muy difícil estar contigo y, al mismo tiempo, sentirme solo. Cuando logras conectarte conmigo, no sé si debo prepararme para recibir un beso o para esquivarte. Has estado tan cambiante últimamente que no sé qué hacer. Antes podías lidiar con los pequeños problemas y contratiempos de la vida. Últimamente parece que las cosas más insignificantes pueden hacerte explotar. Esa no es la persona que yo conocía. Y, mientras recibo cada vez menos de tu verdadero yo, parece que dependes cada vez más de mí para ocuparte de los desafíos diarios de la vida. No estoy diciendo que estés fallando en tu trabajo; sé que ese es uno de tus mayores temores. Pero siento que me toca a mí mantener en movimiento todos los demás aspectos de la vida. Ahora yo también estoy agotado.

Las vacaciones del mes pasado realmente marcaron un punto de inflexión; fue entonces cuando supe que teníamos que hacer algo al respecto. Dado cuán estresado habías estado, esperaba con muchas ganas que pudiéramos alejarnos y relajarnos. Pensé que podría tener de nuevo a tu verdadero yo durante una semana completa. No tienes idea de lo emocionante que era esa idea para mí. Pero cuando llegamos, me di cuenta de que tu verdadero yo se había quedado en el trabajo. Era como si tu teléfono y tu computadora fueran correas que te mantenían atado al estrés de tu trabajo y no podías venir a jugar con nosotros, aunque se suponía que era un momento de diversión. No estoy aquí para quejarme de que tu trabajo te ha alejado de mí. Ya pasamos ese punto hace mucho. Ahora creo que tu estrés se ha convertido en una carga tan aplastante que ya nadie ve tu verdadero yo. Ni tus compañeros de trabajo, ni tus amigos, ni nuestros hijos, ni siquiera tú mismo... nadie ve lo mejor de ti. El trabajo se ha llevado lo mejor de ti, y ahora eres una sombra de quien solías ser.

Pero, en el fondo de mi corazón, creo que todavía no te he perdido del todo. Tu verdadero yo sigue ahí, en algún lugar. Y quiero desesperadamente volver a conectarme contigo. Ha pasado mucho tiempo y me gustaría reencontrarme contigo, pero eso no sucederá a menos que estés dispuesto a abrir los ojos y ver que no eres superhumano. No puedes luchar todas las batallas del mundo, y no eres un fracasado si tienes que soltar un peso que es demasiado pesado. Necesito tu verdadero yo… el verdadero nosotros. ¿Qué dices?

La carta que acabas de leer es una amalgama de cosas que las personas han dicho a sus cónyuges agotados en mi oficina a lo largo de los años. Durante trece años asesoré a personas en matrimonios en crisis. A menudo me conmovían profundamente las cosas que decía el cónyuge de una persona agotada. Muy a menudo, decían cosas como: "No sé cómo ayudarte". Pintaban un cuadro de una carga de estrés aplastante que había ido consumiendo a su pareja.

Hablaban de su cónyuge como si lo hubieran perdido. Aunque su cónyuge agotado claramente estaba allí en la habitación, rogaban que regresara. Me explicaban que, aunque su cónyuge estaba presente físicamente, mentalmente estaba ausente. Me decían que, cuando lograban obtener algo de su pareja, venía envuelto en reactividad emocional. Cuanto peor era el *burnout,* más desesperación escuchaba en la voz de la pareja. Era casi como si me pidieran que hiciera magia para sacar a su cónyuge del abismo del estrés. Por supuesto, no podía hacerlo, pero siempre me conmovían profundamente sus palabras.

Una esposa de un ingeniero agotado lo expresó perfectamente: "Ambos sabemos que algo está terriblemente mal. Yo soy la única con energía para luchar contra esto, y él es el único que sabe qué está mal. Al menos, espero que lo sepa. De lo contrario, estamos en serios problemas".

Anteriormente en este libro hablé sobre la lucha de mi padre con el *burnout,* que fue tan profundo que tuvo una especie de colapso nervioso. Para preparar este manuscrito, leí los diarios de mi mamá de esos días tan oscuros. Ella me dio permiso para incluir partes de ellos en este libro, pero opté por no hacerlo. Son tan crudos y personales que sentí que debían permanecer privados. Pero al leer esos diarios nuevamente, me impresionó cuán triste y preocupante es amar a alguien que está al borde del colapso por el estrés. Sé que podrías estar leyendo este libro no por ti, sino por un ser querido que está luchando contra el *burnout*. Mi corazón está contigo, y espero poder ofrecerte algunas respuestas y algo de esperanza.

EL *BURNOUT* Y LA INTELIGENCIA EMOCIONAL

Hoy en día, las estanterías de autoayuda de las librerías están llenas de recursos sobre inteligencia emocional, y hay una razón para ello. Cuanto más emocionalmente inteligente eres, más relacional puedes ser. Las personas emocionalmente inteligentes saben qué hacer con las emociones: saben cómo ser conscientes y procesar las emociones propias, y saben cómo percibir y responder a las emociones de los demás. Por ejemplo, cuando tu hijo adolescente dice o hace algo que te saca de quicio, pero te tomas unos minutos para pensarlo y luego respondes de una manera de la que te sientes orgulloso más tarde, eso es inteligencia emocional. Cuando un compañero de trabajo no actúa como lo haría normalmente, y lo tratas con gracia y comprensión, dándote cuenta de que probablemente está pasando por algo difícil, eso también es inteligencia emocional. Incluso cuando estás de mal humor y te das cuenta, y decides cambiar tus pensamientos para mejorar tu estado de ánimo, eso es inteligencia emocional.

El problema es que, cuando estás emocionalmente agotado (y recuerda que el agotamiento emocional es lo que define el *burnout*), tu inteligencia emocional sufre un golpe significativo. La inteligencia emocional está impulsada por la energía emocional.

Si tienes mucha energía emocional, tienes la capacidad de ser muy inteligente emocionalmente, pero cuanta menos energía emocional tienes, menos inteligente emocionalmente serás, incluso si normalmente eres una persona muy relacional.

Entonces, ¿qué ocurre cuando te quedas sin energía emocional? Primero, te vuelves más reactivo emocionalmente. Cosas que antes no te molestaban ahora te sacan de tus casillas. Querrás ganar cada pequeño debate en situaciones en las que antes simplemente hubieras soportado la presión, y te encontrarás en un recorrido emocional de locura el resto del tiempo, agarrado a un péndulo emocional que se mueve violentamente de un lado a otro. Cuando intentas corregir el rumbo de una emoción que está un poco desbalanceada, te sentirás impulsado hacia un estado emocional inestable, y las personas a tu alrededor sentirán que están en una montaña rusa a la que no eligieron subirse.

El problema es que una de las partes de tu cerebro más inteligentes para ayudarte a procesar tus experiencias emocionales no está funcionando muy bien, en comparación con cómo funcionaba antes de que sufrieras *burnout*[1] (hablaremos mucho más de esto en el capítulo sobre cómo recuperar tu vida en el ámbito laboral). Quizás lo mejor sea explicarlo así: cuando estás agotado, el motor de tus emociones está acelerado, pero tu volante emocional y tus frenos no son muy fiables. Así que puedes encontrarte inusualmente eufórico en un momento y luego extrañamente abatido más tarde. Puedes volverte inusualmente crítico con una persona y, al mismo tiempo, alabar a otra que realmente no lo merece. Para las personas a tu alrededor, la imprevisibilidad de tus emociones será evidente. Ellos sabrán que algo anda mal.

El agotamiento emocional también te hará menos consciente de las emociones y experiencias de los demás. Puede hacer que parezcas insensible o completamente desconectado, aunque esa no sea tu verdadera naturaleza. Por supuesto, te importa profundamente la gente y quieres que sepan que sus experiencias te importan. Pero si estás emocionalmente agotado, es probable que no estés transmitiendo ese mensaje. En su lugar, podrías arrollar a las personas sin quererlo. Y comenzarás a notar que quienes solían ser tus aliados actuarán como si estuvieran dispuestos a excluirte de su círculo.

Para quienes están más cerca de ti, el agotamiento emocional se verá como un desequilibrio extremo. Al estar seco de energía emocional, necesitarás que otros hagan el trabajo de procesar tus emociones por ti, y no podrás ayudar a otros con sus batallas emocionales. Tu cónyuge, tus hijos y amigos más cercanos pueden comenzar a sentir que tu relación con ellos es muy unilateral.

Debido a que las relaciones se alimentan de la inteligencia emocional, cuando te quedas sin energía emocional, quienes más te aman probablemente sentirán que deben cargar con todo el peso de la relación. Temporalmente, eso no es un problema insalvable. Y si estás atravesando un episodio profundo de *burnout,* puede haber una temporada en la que otros necesiten rodearte y levantarte con su energía mientras haces el arduo trabajo de reponer tus propios recursos emocionales. Eso fue lo que sucedió en el caso de mi papá. Pero no puede ser una estrategia en el largo plazo. En algún momento, el tanque de gasolina emocional debe llenarse si quieres que tus relaciones sean saludables.

CÓMO SE VE LA DESPERSONALIZACIÓN

Para algunas personas, las luchas emocionales mencionadas no son una señal de advertencia lo suficientemente fuerte como para inspirar un cambio. Después de pasar una temporada lidiando con la falta de energía emocional, llegan a un lugar llamado *despersonalización*.[2] Quizás recuerdes que hablamos de la despersonalización en el capítulo 2. Es una etapa del *burnout* en la que comienzas a alejarte de quien realmente eres porque tu energía emocional está agotada. Cuando experimentas el impacto de darte cuenta de que no tienes la energía para ser tú mismo, te enfrentas a la realidad de que sobrevivir significa alejarte de ser tú; por lo tanto, te retiras de las personas y actividades con las que normalmente te involucrarías, y comienzas a *desconectarte*.

La desconexión puede manifestarse de muchas formas. Puede aparecer como una falta de interés en hacer cosas que antes te gustaba hacer con otras personas. Puede presentarse como una presencia tranquila, desconectada y apagada cuando estás con los demás. Puede que no participes en conversaciones que antes disfrutabas, y cuando las personas te dicen algo o te preguntan algo, es posible que tengan que repetírtelo porque ni siquiera estabas prestando atención. También puede manifestarse como falta de compromiso en tus respuestas sobre cómo te sientes con respecto a algo. Una pregunta tan simple como "¿dónde te gustaría almorzar?", podría dejarte sorprendentemente inseguro sobre qué responder. Al evaluar si prefieres una hamburguesa o un bocadillo, podrías no obtener ninguna respuesta interna. En esos momentos, lo que antes parecía una pregunta sencilla puede parecerte extrañamente complejo.

Mientras tanto, podrías encontrarte retirándote internamente a algún lugar en tu cabeza. Los demás no lo notarían porque, de nuevo, pareces desconectado. Pero sabes que, en el interior, todo lo estás pensando demasiado. Aunque estés desconectado, todavía sientes el filo de la ansiedad.

¿Qué estarán pensando de mí? ¿Cómo lograré hacer todo lo que tengo que hacer? ¿Y si fracaso? ¿Por qué ese tipo me mira así?

Es probable que en ese lugar privado donde intentas procesarlo todo desde una distancia mental, te sientas triste y desmotivado. Luchas con la sensación de que la vida se mueve demasiado rápido. Si las cosas se ralentizaran un poco, tal vez podrías entenderlas mejor.

Mientras tratas de procesar todo esto, tus amigos y familiares intentan decirte que notan que algo anda mal. Tal vez te digan que tienes demasiadas cosas entre manos. Quizás se quejen porque sienten que estás desconectado y distante. Puede que en el trabajo escuches que necesitas concentrarte o estar más presente. Sea como sea, hay una voz dentro de ti que dice: *Ojalá supieran cuánto esfuerzo estoy haciendo solo para mantener la cabeza fuera del agua.*

Antes compartí sobre ser consejero matrimonial y escuchar a los cónyuges de personas con *burnout* que desesperadamente querían recuperar a su pareja. Tardé mucho tiempo en darme cuenta de cuánto *deseaban* también las personas con *burnout* volver a ser ellas mismas. No estaban desconectadas porque lo prefirieran así. Estaban tiradas en la carretera con el tanque emocional vacío, sintiéndose tristes porque no tenían la energía que necesitaban para ser la mejor versión de sí mismas. La buena noticia es que aprendí que hay soluciones que pueden ayudar a una persona con *burnout* a regresar a la mejor versión de sí misma y a reconectar con quienes ama.

TODO LO ANTERIOR

En este punto del libro ya hemos hablado de varias cosas que puedes hacer para combatir la batalla emocional del *burnout*. Hemos hablado de cosas que puedes hacer para fortalecer tu salud física y emocional, y todas esas cosas también aplican aquí. En esta sección hablaremos de estrategias específicas que puedes usar para estar más presente a nivel relacional y emocionalmente comprometido en tus relaciones, pero estas estrategias funcionarán mejor si forman parte de un enfoque integral para el *burnout* que desarrollas al leer todo el libro. Por lo tanto, lo primero que puedes hacer para recuperar tu vida en el ámbito relacional es *todo lo anterior*, y con eso quiero decir poner en práctica lo que hemos tratado en los capítulos anteriores. Entonces pasa a las tres estrategias presentadas aquí: conectar, pensar dos veces y dejar el salvavidas para regresar al barco.

CONECTAR

Espero que para cuando leas esta sección tengas una hipótesis personal bastante clara de por qué nos desconectamos cuando estamos agotados. Cuando sientes que no tienes energía emocional para gastar, tiendes a conservar, conservar, conservar. Y una manera de conservar energía emocional es evitar estar presente con otras personas a menos que sea absolutamente necesario. Pero aquí necesito establecer el caso de que, aunque podrías pensar que estás conservando energía al desconectar (y creo que esa es nuestra manera natural de pensar), podrías estar empeorando el problema de la energía emocional. Cuando las personas comienzan a desconectar, comienzan a experimentar problemas en las relaciones. Nadie quiere estar en una relación con alguien que no está presente. En el momento podría parecer que estamos conservando energía emocional al salir mentalmente de conversaciones y actividades, pero cuando llega la factura relacional, será grande. Al final, te cuesta más estar emocionalmente ausente que estar emocionalmente presente.

Así que, a riesgo de parecer que estoy simplificando demasiado los hechos, te sugeriría que la forma más sencilla de combatir el hábito de desconectarse es conectarse. Desconectar es algo que ocurre porque entregamos los controles de nuestra cabina mental al piloto automático. Conectar, por otro lado, es lo que hacemos cuando nos damos cuenta de que hemos entregado los controles y revertimos esa decisión al pilotar manualmente nuestro avión mental otra vez. Significa dejar de lado lo que estabas pensando cuando te fuiste mentalmente a otro lugar y poner la actividad o conversación frente a ti de nuevo en primer plano. Es posible que tengas que pedir humildemente a alguien que repita algo para ponerte al día. Eso es mejor que perder toda la interacción.

Puedes conectar prestando atención a lo que está sucediendo justo frente a ti. Sé observador. ¿Cómo es la habitación a tu alrededor? ¿De qué color son los ojos de la persona que te está hablando? Si estás en un restaurante comiendo, ¿a qué sabe la comida? Concéntrate en el *aquí y ahora*. El *allí y el después* seguirán esperándote para procesarlo cuando termine esta interacción. Por ahora, conecta. Permanece presente. No solo descubrirás que en el largo plazo cuesta menos emocionalmente estar presente, sino que también te darás cuenta de que puedes generar energía emocional al interactuar con las personas y actividades a tu alrededor.

Como académico, he escrito algo sobre el tema de la consciencia plena.[3] Es un tema candente en el mundo de la psicología.

Y aunque todavía hay mucho que aprender sobre la consciencia plena, lo que está claro según las investigaciones es lo siguiente: puede ser una práctica tremendamente saludable a nivel mental y físico. En el corazón de la práctica de la consciencia plena está la elección de conectar y no poner tu cerebro en piloto automático. Lo opuesto a la consciencia plena es la falta de atención. Y eso es lo que ocurre cuando desconectamos. Estamos hablando del hecho de que es posible pasar por las circunstancias de la vida sin prestar atención, pero no es sabio hacerlo. La consciencia plena, en su esencia, es una decisión de no perderse el aquí y ahora, de ejercer nuestro propio poder mental para ser observadores y participar, y de limitar las distracciones y tentaciones de desconectarnos mentalmente.

Hablemos acerca de dos maneras importantes de practicar el conectar: dedicar tiempo a quienes amas y escuchar de manera auténtica.

DEDICAR TIEMPO A QUIENES AMAS

Estoy en esa etapa de la vida en la que nuestra hija mayor está a punto de dejar el nido. Acaba de graduarse de la escuela secundaria y está preparándose para asistir a la universidad fuera del estado. Supongo que cuando eso sucede, siempre hay un poco de introspección. ¿Qué clase de padre he sido? ¿He estado ahí para ella como lo necesitaba? ¿Cuál será mi legado como su padre? Tal vez la pregunta más difícil para mí de abordar es: *¿Le dediqué suficiente tiempo?*

Espera, Jonathan, ¿no quisiste decir: *pasé suficiente tiempo con ella?*

No. Quise decir: *¿Le dediqué suficiente tiempo?*

El tiempo es como el dinero. Es un recurso finito, valioso, puede gastarse, y una vez que se va, se fue. Estoy convencido de que hay una diferencia entre pasar tiempo con alguien y dedicar tiempo a alguien. Cuando salgo a cenar con mi esposa, gasto dinero *con* ella. Por otro lado, si voy a la joyería y compro una pulsera que sé que a mi esposa le ha llamado la atención, y se la regalo, gasté dinero *en* ella. La verdad es que he pasado mucho tiempo con mis dos hijas. Hemos estado el uno en la presencia del otro y hemos pasado tiempo juntos. Y no quiero restar valor a eso. Es importante pasar tiempo con tus seres queridos. Pero sí creo que si analizo el conjunto de mi vida, lo más probable es que no haya dedicado suficiente tiempo *a* mis dos hijas.

Pasar tiempo con alguien no es lo mismo que *dedicar* tiempo a alguien. Si realmente quieres conectar con tus seres queridos en esta temporada de *burnout,* intenta ser intencional al reservar tiempo *para* tus seres queridos. Dedica tiempo a ellos. ¿Qué les gusta hacer? ¿Qué les interesa? ¿Qué les encanta hacer contigo? ¿En qué entorno tienden a abrirse y compartir lo que tienen en mente?

Toma un calendario y reserva algunos espacios para dedicar tiempo a las personas que amas. Si estás casado, comienza con tu cónyuge. Luego, si tienes hijos, asegúrate de incluirlos también. Mejor aún: no los anotes a lápiz, sino con tinta. Piensa en los amigos que más se interesan por ti y las personas que han estado ahí para ti en los altibajos. Luego tómate un momento y llena tu calendario con algunos espacios de tiempo para ellos. Te sorprenderá lo mucho más fácil que es conectar cuando dedicar ese tiempo a alguien fue idea tuya y estás comprometido a hacer que suceda. Incluso si no sientes que tienes la energía para hacer esto, inténtalo, tal vez con una sola persona. Mi intuición es que descubrirás que estos ratos comenzarán a recargar tu tanque emocional. Todo el mundo gana.

ESCUCHAR AUTÉNTICAMENTE

Es extrañamente difícil escuchar a otra persona de forma auténtica. A los terapeutas les toma bastante tiempo aprender esta habilidad. No es que seamos incapaces de escuchar bien; la mayoría de nosotros somos buenos escuchando a las personas hablar sobre cosas que nos interesan. Pero, si somos sinceros, tendríamos que admitir que no somos buenos escuchando cuando nos aburrimos o nos distraemos. En esos momentos es fácil desconectar. No lo anunciamos al mundo. Simplemente dejamos la conversación de manera silenciosa e imperceptible en nuestras cabezas y vamos a otro lugar. El problema es que escuchar de manera poco auténtica siempre es una lotería. Es como quedarse dormido en una clase de álgebra. Tal vez no necesites saber lo que se dijo para el examen, pero podrías sorprenderte.

La verdad es que las personas a nuestro alrededor son increíblemente buenas para darse cuenta de cuándo estamos realmente escuchándolas y cuándo no. Y no les gusta mucho cuando no pasamos la prueba... cuando está claro que la información que nos dieron nunca llegó a fijarse en nuestras pequeñas células grises. Todos somos culpables de esto. Pero cuando tienes *burnout,* será mucho más exagerado. El *burnout* te hará abandonar conversaciones incluso cuando son realmente importantes y necesitas recordar lo que se está diciendo.

Escuchar auténticamente, entonces, es una de las maneras de quitarle los controles al piloto automático y tomar el control de tu presencia mental. ¿Cómo se escucha auténticamente? Comienza apartando en tu mente lo que sea tu distracción mental habitual. Si es el trabajo, alguna preocupación personal o un problema mental que no puedes resolver, lo que sea, ponlo a un lado. Si te ayudan los pequeños ejercicios mentales, imagina que tomas esa distracción mental y la guardas en un armario por un rato. Siempre puedes regresar al armario más tarde y lidiar con ese asunto. Pero, por ahora, déjalo en el armario. Si durante tu interacción con otra persona te das cuenta de que tu atención se desvía nuevamente hacia esa distracción, no te enojes contigo mismo. Solo aplica lo que llamo el reflejo de "¡Ajá!". *¡Ajá! Me distraje nuevamente con eso. No pasa nada. Me preocuparé por eso más tarde. Volvamos a esta conversación…*

En segundo lugar, escucha para entender el significado. A menos que alguien esté aprendiendo español como segundo idioma y practicando su vocabulario, probablemente no esté hablando contigo solo para practicar el idioma. Te está hablando para *intercambiar significado*. Quiere que sepas sobre su experiencia y lo que siente. Así que, en lugar de ver la conversación como un intercambio de contenido, considérala una oportunidad de entrar realmente en el mundo de la otra persona, recibiendo verdaderamente el significado de lo que quiere compartir contigo.

Haz conjeturas humildes en tu mente sobre lo que está tratando de transmitir. *¿Qué quiere decirme? ¿Qué es lo que quiere que entienda? ¿Qué quiere que sepa?* Al hacer este tipo de preguntas, te pondrás a ti mismo objetivos claros en la conversación y reducirás las posibilidades de aburrirte o desconectar. Las conversaciones tienen poder si aprovechas el potencial de significado que ofrecen.

Si quieres comprobar si estás haciendo un buen trabajo escuchando auténticamente, intenta hacer una simple reflexión de lo que crees que estás entendiendo de lo que la otra persona está diciendo. No tardarás mucho en recibir comentarios de la otra persona que te darán una buena idea de qué tan bien estás escuchando. No es que necesariamente esté de acuerdo con tu reflexión. Tal vez no hayas captado su punto o hayas malinterpretado lo que está tratando de decir. Pero, si estás cerca, notarás que su rostro se ilumina un poco al darse cuenta de que estás siguiendo lo que intenta decir. Si estás algo equivocado, te corregirá. Solo el hecho de que estés tratando de entender lo que dice prenderá sus circuitos emocionales.

PENSAR DOS VECES

Anteriormente hablé de que la reactividad emocional puede ser uno de los mayores problemas que acompaña al *burnout*. Esa reactividad emocional ocurre en parte porque la zona de nuestro cerebro que ayuda a procesar nuestras emociones de manera más inteligente no está desempeñando a su máxima capacidad. Pero otra parte del problema es que, cuando desconectamos y dejamos nuestro cerebro en piloto automático, permitimos que tome decisiones automáticas sobre cómo interpretar lo que vemos y experimentamos. Una cosa que debemos saber es que a nuestro cerebro no le gusta tener que resolver las mismas cosas varias veces.[4] Una vez que descubre algo, guarda lo que aprendió e intenta aplicarlo la próxima vez que necesita procesar lo mismo.

Por lo general, esto es muy útil. Necesitamos estas plantillas mentales para ayudarnos a darle sentido al mundo que nos rodea, o nunca lograríamos nada. Por ejemplo, mientras escribo estas palabras estoy sentado en una sala de estudio de la universidad estatal local. Cuando llegué a la sala de estudio, me encontré con varias cosas que no había visto antes. No había visto antes esta puerta en particular, pero no tuve ningún problema en entender qué era, qué función cumplía y cómo usarla. Había una mesa y unas sillas en la sala que tampoco había visto antes, pero no pasé una hora tratando de entender el mobiliario. Coloqué mi computadora portátil en la mesa, me senté en la silla, y me puse manos a la obra con el bloqueo del escritor.

De igual manera, no tuve ningún problema en entender la pizarra, el interruptor de la luz o los enchufes de la sala de estudio. ¿Por qué? Porque el cerebro es excelente en lo que se llama "emparejamiento difuso", un término que proviene del ámbito de la computación pero que también se usa en círculos neuropsicológicos. Mi cerebro logró integrar esta nueva puerta en mi comprensión general de lo que es una *puerta*. Hizo lo mismo con la mesa, integrándola en mi concepto previo de lo que es una *mesa*. El cerebro es brillante emparejando cosas.

Todo ese emparejamiento ocurrió de manera automática. No supervisé ese proceso y no me costó casi nada de energía mental. De hecho, ocurrió por debajo de mi nivel de consciencia. Así funciona el cerebro cuando empareja cosas: "Eso se parece mucho a una mesa; por lo tanto, debe ser una mesa. Eso se parece mucho a una silla; por lo tanto, debe ser una silla". Ese emparejamiento difuso es estupendo cuando se trata de evaluar el mobiliario de una habitación, pero no funciona tan bien cuando se trata de evaluar las emociones, intenciones, palabras o acciones de otras personas. Desgraciadamente, desde un punto de vista relacional, si estás operando en piloto automático, tu cerebro estará encantado de *suponer* lo que significan las cosas según las vas encontrando.

Si tenemos el cerebro en piloto automático, podríamos ser tentados a ver la expresión facial de alguien y suponer algo sobre esa expresión que simplemente no es cierto. O nuestro cerebro podría hacer un emparejamiento difuso entre lo que alguien dijo y lo que otra persona dijo, llevándonos a pensar que la intención de esas dos personas era la misma. Las relaciones son demasiado complicadas como para manejarlas en piloto automático. Si permites que tu piloto automático interprete lo que otras personas quieren decir cuando hablan, actúan y hacen cosas, comenzarás a cometer muchos errores. Y esos errores conducen a esa reactividad emocional de la que hablábamos antes.

¿Cómo salir del piloto automático en las relaciones interpersonales? Aquí tienes una metáfora que creo que puede ayudarte. Mi esposa y yo disfrutamos yendo a *escape rooms*. No me preguntes por qué. Pagamos para que nos encierren en una habitación durante una hora y resolvemos acertijos para salir. Por alguna razón, nos gusta resolver ese tipo de rompecabezas. Hemos ido a *escape rooms* por todo el país.

Recientemente, fuimos a un *escape room* donde los acertijos iniciales estaban en un set que simulaba una sala de estar. En esa sala había una mesita de apoyo con una pequeña lámpara. Inmediatamente me sentí tentado a suponer que esa lámpara era como todas las demás que había visto antes. Pensé que probablemente no era relevante para resolver los acertijos, ya que las lámparas solo existen para dar luz. Pero cuando estás en un *escape room*, tiendes a aprender a anular tus conclusiones iniciales. Me acerqué, levanté la lámpara y busqué compartimientos secretos. Miré dentro de la pantalla para ver si había mensajes ocultos escritos dentro. Encendí y apagué la lámpara para ver si activaba algún mecanismo del *escape room*. Al final, resultó ser solo una lámpara.

Sin embargo, lo que hice con esa lámpara es lo que tenemos que hacer con nuestras conclusiones iniciales en las relaciones. Cuando tu cónyuge te mira con cierta expresión facial y tu interpretación inicial es que te está mostrando desprecio, quizás necesites acercarte y observar más detenidamente lo que estás viendo para asegurarte de que tu conclusión inicial es correcta. Tal vez lo sea, pero la mayoría de las veces descubrirás que hay un compartimento oculto en esa experiencia relacional. Y cuando haces esto de pensar dos veces, te sorprenderá la cantidad de minas emocionales que puedes evitar.

DEJAR EL SALVAVIDAS PARA REGRESAR AL BARCO

No puedo concluir un capítulo sobre cómo recuperar tu vida relacional sin hablar de cómo lidiar con el aislamiento. Las personas agotadas tienden a aislarse. Esa es la realidad. Una de las razones principales de ese aislamiento es el vacío emocional del que hablamos anteriormente. Pero otra razón es que para mantenernos conectados con los demás, debemos ser capaces de confiar en ellos. Cuanto más agotado estés, menos podrás confiar en los demás. Y a medida que la confianza disminuye en tu vida, el control aumentará. Otra manera de decirlo es que intentarás controlar todas las áreas de tu vida en las que estés luchando por confiar en los demás.

Imagina que estás en un crucero y acabas convencido de que no puedes confiar en el capitán, en los mecánicos del barco, ni en tus compañeros de viaje. Entonces demandas una situación en la que tengas el control total de tu propio bienestar. Esa situación puede ser factible, pero no necesariamente será algo bueno. Supongamos, entonces, que te encuentras flotando fuera del barco con un salvavidas. Ahora tienes el control total; tienes lo que pediste. Pero te encuentras en una situación mucho más peligrosa que la que tenías antes.

La verdad es que la situación más peligrosa es cuando decidimos que solo podemos confiar en nosotros mismos. No estoy diciendo que todos sean dignos de confianza, ni que si confías en las personas nunca te decepcionarán. Lo que sí estoy diciendo es que no fuimos hechos para vivir solos, y vivir solo con un salvavidas es solitario y aterrador.

Una de las cosas más importantes que puedes hacer para recuperar tu vida relacional es tomar decisiones sabias sobre en quién confiar y subirte al barco con esas personas. Escucha sus opiniones sobre tu vida y tu situación. Ya lo has hecho hasta cierto punto conmigo al comenzar a leer este libro. Y aunque me enorgullece darte la bienvenida de regreso al barco, necesitarás personas cercanas que realmente puedan ayudarte a navegar por las aguas de la vida. Piensa en quién debería estar en tu círculo cercano y decide darles un lugar en tu mesa. Te alegrarás más tarde.

UNA PERSPECTIVA BÍBLICA

Una sección de la Escritura en la que puedes ver claramente los costos relacionales del *burnout* es la parte final de Lucas 10. Jesús estaba visitando el pueblo de Betania donde tenía tres amigos cercanos: María, Marta y Lázaro. En este pasaje, los amigos de Jesús iban a organizar una cena especial para Él y su grupo. Era una cena al menos para quince personas.

Imagina por un momento intentar preparar una cena especial para más de una docena de invitados, uno de los cuales es el Salvador del mundo. Eso ya es suficientemente estresante. Pero agrégale el estrés de no tener un supermercado para comprar los alimentos. Imagina intentar limpiar la casa sin una aspiradora. Imagina preparar la comida sin refrigerador, microondas ni horno moderno. Si te haces una idea del estrés que eso podría causar, estás empezando a entender cómo pudo haberse sentido Marta.

Estaba completamente abrumada tratando de organizar una cena increíble para sus amados invitados. Como cualquiera que ha intentado organizar un evento grande, probablemente estaba lidiando con toda clase de detalles que se complicaban, y seguramente estaba exhausta de resolver problemas e intentar que la cena saliera adelante. Imagina su consternación al darse cuenta de que no estaba recibiendo ninguna ayuda de su hermana María. Cuando buscó a su hermana ausente, la encontró sentada a los pies de Jesús escuchando sus enseñanzas en lugar de ayudar con la cena.

En el versículo 40 de Lucas 10 vemos a Marta tener un pequeño colapso emocional. Irrumpe en la sala y le expresa su frustración a Jesús. Intenta que Él vea lo mal que está que María no la ayude, y luego le ordena que le diga a María que se meta a la cocina a ayudarle. Tengo la impresión de que todo se quedó en silencio en esa sala cuando Marta entró y le dijo todo esto a Jesús. Pero la respuesta de Jesús es importante para cualquiera que esté lidiando con las consecuencias emocionales del *burnout*. Esto fue lo que dijo:

> *El Señor le dijo:*
>
> *—Mi apreciada Marta, ¡estás preocupada y tan inquieta con todos los detalles! Hay una sola cosa por la que vale la pena preocuparse. María la ha descubierto, y nadie se la quitará.* Lucas 10:41-42

Ahí lo tienes. Jesús diagnosticó los desafíos relacionales del *burnout*: preocupación y distracción. La palabra original en griego que aquí se traduce como "preocupada" incluye la idea de ser empujado en varias direcciones[5] hasta el punto de que todo nuestro ser está en un estado de disrupción. Seguramente sea lo más cercano a una definición bíblica de despersonalización que podamos encontrar en la Escritura.

Y la palabra traducida como "inquieta" proviene de un término griego que significa estar mentalmente perturbado, como si hubiese un "motín" dentro de ti.[6] ¿Cómo se siente emocionalmente estar agotado? Es como despertar un día y darte cuenta de que estás siendo empujado en tantas direcciones que no recuerdas cómo se siente estar en paz. Es como caminar con una nube sobre tu cabeza que no se disipa. Esa niebla de perturbación no te deja en paz ni te permite ser tú mismo.

Marta se había despersonalizado. No era la mejor versión de sí misma, y su reactividad emocional la había llevado al punto de estar dándole órdenes a Jesucristo. Aferrándose a un salvavidas de control, estaba lanzando órdenes al barco, exigiendo que aquellos en quienes ya no podía confiar hicieran las cosas a su manera. Jesús, lleno de gracia, la calmó y le recordó el poder de estar presente. María estaba haciendo justamente eso: en ese momento se había dado cuenta del poder de estar atenta a lo relacionalmente importante que estaba ocurriendo: Jesús enseñaba. María estaba pasando tiempo con Jesús, escuchando de forma auténtica, y permitiendo que su relación con Jesús recargara su energía emocional.

Puedes recuperar tu vida relacional. Sigue el ejemplo de María y te sorprenderá cuán rápidamente tus relaciones mejorarán, y tu nota en la categoría *R* de la tabla PERSON comenzará a subir.

CAPÍTULO 5

PREGUNTAS DE DISCUSIÓN PARA GRUPOS PEQUEÑOS

1. ¿Alguna vez te has dado cuenta de que estabas en piloto automático en tus relaciones interpersonales? ¿Qué hiciste al respecto?

2. ¿Qué barreras enfrentas cuando se trata de estar presente en las relaciones interpersonales con las personas que amas?

3. ¿Cómo sabes si alguien te está escuchando auténticamente? ¿Cómo puedes escuchar auténticamente a las personas que amas?

4. ¿Cuál ha sido tu experiencia al intentar pasar tiempo con las personas que amas? ¿Recuerdas algún momento específico en el que fuiste intencional al dedicar tiempo especial y enfocarte en alguien importante en tu vida? ¿Qué impacto tuvo eso en la relación?

5. ¿Cuál considerarías que es la perspectiva bíblica sobre el valor de las relaciones interpersonales frente al poder de los logros?

6

RECUPERA TU VIDA ESPIRITUAL

El 21 de diciembre de 2010 manejé hasta la casa de mis padres para pasar tiempo con mi papá, que estaba atravesando la crisis nerviosa que describí en el capítulo 4. Aunque me habían dicho que estaba mejorando, me sorprendió cuando lo vi. La cálida sonrisa con la que siempre me recibía había desaparecido. En lugar de levantarse de su silla y saludarme con un abrazo, como normalmente lo hacía, permaneció sentado, inclinado hacia adelante. No establecimos contacto visual porque él estaba mirando al vacío. Como mis padres iban a viajar nuevamente en los próximos días para buscar ayuda para mi papá, no estarían en casa durante la Navidad. Mi hermano menor, que todavía vivía en la casa, estaba abriendo su regalo de Navidad, que le habían dado por adelantado, anticipándose a su ausencia. La ironía era dolorosa para todos. No parecía Navidad. No se sentía como un momento para intercambiar regalos. Se sentía como si el mundo se estuviera desmoronando.

Yo quería desesperadamente entender lo que mi papá estaba atravesando. Intentó explicármelo. Lo que le sucedía tenía un componente físico; estaba seguro de que iba a morir, y tenía algunos síntomas preocupantes. En retrospectiva, creo que esos síntomas fueron causados por el estrés que estaba experimentando. En ese momento, estaba convencido de que tenía cáncer. Claramente, había un componente emocional; como describí en el capítulo 3, oscilaba entre la ansiedad y la depresión, y recuerdo que eso me impactó. Nunca antes había visto a mi papá llorar. Era como si estuviera sentado frente a una persona completamente diferente. Pero también había un componente de lo que me dijo que me sorprendió más que todo lo demás: *había un componente espiritual.*

"No creo que Dios me haya usado realmente; cualquier éxito ministerial que haya tenido debe haber sido fruto de los esfuerzos en la carne", me dijo repetidamente. No tenía sentido. Por supuesto que Dios lo había usado. De hecho, el éxito de la iglesia NewSpring había sido tan meteórico y visible que pastores de todo el país nos contactaban constantemente, con la esperanza de obtener información sobre cómo tener un éxito similar en sus ministerios. Con mi papá ausente, yo había estado atendiendo muchas de esas llamadas, y eso me había hecho aún más consciente de lo poco común que era el tipo de crecimiento que habíamos experimentado.

No fue "fruto de los esfuerzos en la carne". Esa es una forma algo anticuada de decir que el éxito se genera a partir del entusiasmo humano y no del poder de Dios. Pero ese no era el caso. De hecho, cuando las personas llamaban para averiguar cómo replicar nuestro éxito en otros lugares, nuestra respuesta era que no éramos responsables del éxito: Dios lo era. Les decíamos que no había una fórmula mágica ni un conjunto de pasos preestablecidos. Dios nos estaba bendiciendo, y nuestro objetivo principal era mantenernos en su voluntad y no interponernos en lo que estuviera haciendo. Esa actitud de humildad era algo que mi papá inculcó en todos nosotros al modelarla. No se trataba de tener influencia ni de buscar crédito. Su interés principal era seguir a Dios de cerca para que pudiéramos alcanzar nuestro propósito como iglesia.

Sin embargo, escuchar a mi papá hablar en ese momento haría que cualquiera pensara que había pasado su carrera ministerial desconectado de Dios, simplemente haciendo las cosas por inercia. *¿Cómo podía pensar eso?*, me pregunté. Alguien que no lo conociera tan bien como yo podría pensar que estaba confesando un oscuro secreto de ser un falso espiritual. Yo sabía que no era así. En ese momento hice una hipótesis sobre aquello que lo atacaba física y emocionalmente, también debía estar atacándolo en lo espiritual. Ahora estoy seguro de que ese era el caso.

En mis últimos trece años de trabajo como consejero he aprendido que el *burnout* puede hacerte sentir como un fraude espiritual. Puede hacerte sentir como si tu fe no fuera real, que eres un completo fracaso, y que no tienes una verdadera conexión con Dios. En un momento en que necesitas a Dios más que nunca, lidiar con el *burnout* puede hacerte sentir como si no tuvieras la capacidad de conectarte con Él.

Durante nuestra conversación, mi papá me miró y dijo: "¿Cómo sabes con certeza que eres salvo?". No supe cómo responder. ¿Era este un examen teológico improvisado? Si lo era, parecía un momento extraordinariamente inapropiado. ¿Estaba mi papá preguntando porque estaba preocupado por mi condición espiritual? Después de todo, estaba convencido de que iba a morir, y tal vez quería asegurarse de mi condición espiritual en caso de que algo le sucediera a él. Después de un poco más de conversación, me di cuenta de que estaba buscando seguridad acerca de *su* propia condición espiritual. Mirando atrás, recuerdo que no respondí a su pregunta. Estaba demasiado ocupado sintiendo que salía fuera de mi cuerpo. Siendo un joven de veintinueve años y tratando de encontrar mi lugar en este nuevo mundo del ministerio pastoral a tiempo completo, no podía creer que estuviera sentado frente a mi papá, mi pastor, mi jefe... y que él tal vez no estuviera seguro de su salvación.

Pensé en mis años de crecimiento. Nunca había escuchado a nadie explicar el mensaje del evangelio con tanta claridad como mi papá. Estaba seguro de que él entendía y aceptaba el evangelio. Siempre había sido un ejemplo de lo que significa ser un seguidor sincero de Dios. Nunca escuché a mi papá decir una mala palabra... nunca.[1] Lo había visto vivir irreprochablemente en su trato con miembros del sexo opuesto, evitando sustancias adictivas, y en su toma de decisiones diarias. Era auténtico. Puedo decir sinceramente que mi papá era en casa lo que era en la iglesia. No había dos versiones de mi papá. Era un ejemplo del tipo de cristiano que yo quería ser. ¿Podría alguien fingir ese tipo de cosas y aun así no ser salvo? Supongo que sí. Pero no me parecía muy probable en el caso de mi papá.

Era evidente para mí en ese momento que había dos realidades presentes en esa habitación. Estaba la realidad verdadera de la condición espiritual de mi papá, y estaba la realidad que mi papá percibía en ese momento, que claramente era inexacta, distorsionada y alarmante.

Si crees en Dios y estás lidiando con el *burnout*, es posible que estés enfrentando ese mismo tipo de visión distorsionada de la realidad. El *burnout* te afectará espiritualmente. Puede que no se manifieste de la misma manera que lo hizo con mi papá, pero el *burnout* puede dar golpes poderosos que hieren el alma.

FUEGO REFINADOR

Varios días después, mis padres viajaron para que mi papá recibiera consejería. En el hotel donde se hospedaban, mi papá sacó su portátil y comenzó a escribir. Escribió sobre cómo una persona puede saber que es salva. El lenguaje no era florido, y los conceptos no eran abstractos. Era simple, directo y auténtico: las notas escritas de un creyente en su viaje de fe para recordarse a sí mismo las verdades que tocan la eternidad. Mientras escribía esas palabras estaba procesando para sí mismo, en el nivel más básico posible, lo que sabía que era verdad sobre la naturaleza de Dios. Habiendo tenido siempre afinidad por los debates, presentó un caso (para sí mismo y para cualquiera que más tarde leyera lo que estaba escribiendo) sobre cómo una persona podía saber que era parte de la familia de Dios y que iba al cielo.

Esa exploración de su fe (el fuego refinador de una crisis de fe) no solo le devolvió la certeza de su propia posición espiritual ante Dios, sino que también se convirtió en el manuscrito de un pequeño libro que desde entonces se ha distribuido a decenas de miles de personas justo después de haber aceptado a Cristo. Escuché a mi papá presentar el evangelio cientos de veces antes de su crisis en 2010. Y lo he escuchado presentarlo cientos de veces desde entonces. No puedo demostrarlo, pero creo que ahora hay más poder en su modo de presentarlo. Creo que hay una compasión más profunda por aquellos que luchan por saber en qué posición están delante de Dios. Hay un llamado más personal desde un corazón que recuerda cuán doloroso fue sentirse espiritualmente desconectado.

Mi punto es este: si estás pasando por una temporada de dolor espiritual debido a tu batalla con el *burnout,* puede ser útil saber que estás al borde de una conexión con Dios más profunda y significativa de lo que has experimentado hasta ahora. Aunque sería muy fácil para ti en este momento envolverte en la vergüenza y la duda espiritual, déjame animarte a no hacerlo. En cambio, quiero alentarte a hacer lo que hizo mi papá... a regresar a lo que puedes saber con certeza acerca de tu posición delante de Dios. En este capítulo compartiré algunos conceptos importantes para recordar mientras luchas contra el *burnout*.

Recuerda que cuando estás agotado, no es momento de alejarte de Dios sino de acercarte a Él. Jesús dijo lo siguiente:

> *Luego dijo Jesús: «Vengan a mí todos los que están cansados y llevan cargas pesadas, y yo les daré descanso. Pónganse mi yugo. Déjenme enseñarles, porque yo soy humilde y tierno de corazón, y encontrarán descanso para el alma. Pues mi yugo es fácil de llevar y la carga que les doy es liviana».*
>
> Mateo 11:28-30

Fíjate en las primeras tres palabras de lo que Jesús le dice a una persona agotada: "Vengan a mí". Él está listo para ayudarte a ganar esta batalla contra el *burnout*. Quiero compartir contigo algunas cosas clave para recordar que te ayudarán a experimentar el descanso del alma que Jesús prometió.

DIOS TE AMA Y SE INTERESA POR TI

En Juan 4 Jesús se encuentra con una persona a la que comúnmente se le llama "la mujer samaritana" o "la mujer del pozo". Jesús conoció a esta mujer mientras viajaba por Samaria rumbo a Galilea. Al llegar al pozo de Sicar casi al mismo tiempo que esta mujer, Jesús le pidió agua. Eso fue algo extraño.

Primero, los maestros judíos respetables no solían dejarse ver en Samaria debido a los fuertes sentimientos de hostilidad entre judíos y samaritanos. Además, en la cultura dominada por hombres de esa época, no era común que un hombre de cualquier estatus hablara directamente con una mujer en público con la que no estuviera relacionado, especialmente para pedirle un favor.[2] Otra cosa extraña del encuentro fue que esta mujer estaba allí a esa hora del día.

Los estudiosos de la Biblia señalan que las mujeres normalmente no iban a sacar agua del pozo al mediodía, que era la hora más calurosa del día.[3] Sacar agua era una actividad que se realizaba en la mañana temprano o al atardecer, cuando la temperatura era más favorable. Caminar largas distancias y hacer el esfuerzo físico de cargar agua bajo el calor del mediodía no era lo ideal; sin embargo, esta mujer llegó al mediodía. ¿Por qué?

Es probable que esta mujer llegara a esa hora porque no quería relacionarse con nadie. Ya tenía suficiente estrés en su vida como para lidiar con las miradas de reojo y los susurros de la cadena de chismes de la comunidad. Sabía lo que decían de ella. Era la mujer del pueblo que no conseguía que ningún hombre se quedara a su lado. Había estado casada cinco veces. Cinco veces todo terminó mal y tuvo que empezar de nuevo. Ahora vivía con un hombre que estaba dispuesto a ser su pareja sexual, pero no su esposo.

Cada día era estresante. Cada día estaba lleno de remordimientos por el pasado. Y en cuanto al futuro... ¿qué seguridad podría haber con un hombre que no estaba dispuesto a ponerle un anillo en el dedo? En ese punto, la vida era cuestión de sobrevivir. Solo necesitaba pasar de un día al siguiente. Emocionalmente, las heridas eran profundas. Y cuanto más vivía con esas heridas, más cansada se sentía. Era demasiado para una persona.

Francamente, creo que por eso Jesús decidió pasar por Samaria de camino a Galilea. Creo que sabía que había una mujer en Sicar al borde de un colapso total por *burnout*, y quería que supiera que Dios la amaba y se interesaba por su situación. Sabiendo cuán agotada estaba por tener que sacar agua cada día bajo el calor del mediodía, Jesús usó el agua como metáfora para decirle lo que quería hacer por ella. Le dijo que si le pedía, Él podría darle un manantial de agua que brotaría dentro de ella, y que nunca volvería a tener sed. Ella no entendió al principio que era una metáfora, pero finalmente Jesús le ayudó a comprender que le estaba ofreciendo vida eterna y una oportunidad para comenzar de nuevo. Curiosamente, la crisis de fe que ella experimentó la convirtió en una de las primeras misioneras documentadas de la historia, ya que regresó a la comunidad que antes había evitado para convencerlos de que también conocieran a Jesús.

La metáfora del agua puede ser un poco difícil de entender en nuestro mundo moderno, pero piensa en la metáfora que he estado usando a lo largo de este libro: un tanque de gasolina. Supongamos que vas a llenar tu auto en la gasolinera y te encuentras con Jesús allí. Y supongamos que te dice que, si se lo pides, Él podría darte un suministro de combustible que nunca se acabaría. ¡Yo aceptaría! Pero, al igual que la metáfora del agua en Juan 4, Jesús no está hablando de algo tan trivial como el agua para el hogar o la gasolina para tu auto. Jesús está ofreciendo energía espiritual; el poder (como dice la Escritura) de llegar a ser hijos de Dios. Jesús está ofreciendo una relación en la cual los factores de estrés que experimentamos en este mundo no pueden separarnos de su amor (Romanos 8:38-39). Él está ofreciendo su carga ligera a cambio de la nuestra que es pesada (Mateo 11:28-30).

Algunos de nosotros hemos aceptado ese regalo hace mucho tiempo atrás, pero hemos dejado que nuestra relación con Dios caiga tan bajo en nuestra lista de prioridades que la energía espiritual que Dios quiere darnos está bloqueada por las preocupaciones y distracciones de este mundo, o por el deseo de cosas y logros (Marcos 4:19). Pero la energía espiritual que Dios nos da viene en forma de este regalo: Dios te ama. Dios te ama tanto, que le importa lo que está drenando tu energía. Le importa lo que estás atravesando en el trabajo. Le importa lo que está sucediendo en tu situación familiar. Le importan tus cargas financieras. Le importa tu búsqueda de significado y propósito en la vida.

Por lo tanto, te animo a detenerte hoy un momento y preguntarte si has permitido que Dios tenga la oportunidad de llenar tu vida de la energía espiritual que Él ofrece. ¿O es que la autopista hacia tu corazón está atascada con el tráfico de cosas que realmente no importan? Tal vez esta crisis de *burnout* es una oportunidad para refinar tu conexión con Dios. Tal vez sea una oportunidad para barrer las telarañas espirituales y empezar de nuevo con una pasión por Dios que perdiste en algún momento.

DIOS TE AYUDARÁ CON EL ESTRÉS DE LA VIDA SI SE LO PERMITES

En Éxodo 14 los israelitas estaban en el proceso de escapar de Egipto, donde habían sido terriblemente maltratados como esclavos. Siguiendo las instrucciones de Dios, los israelitas terminaron a las orillas del Mar Rojo sin saber muy bien donde ir después. El faraón, al darse cuenta de que los israelitas no solo se iban por unos días (como originalmente habían sugerido), sino que escapaban permanentemente, fue tras ellos. No puedo imaginar el estrés que los israelitas debieron sentir al darse cuenta de que no podían avanzar (por el Mar Rojo) ni podían retroceder porque los egipcios los perseguían. La Biblia nos dice que el pueblo entró en pánico. Es comprensible. Yo también habría entrado en pánico. Pero Moisés, dando instrucciones de parte de Dios, dijo esto: *No tengan miedo. Solo quédense quietos y observen cómo el Señor los rescatará hoy. Esos egipcios que ahora ven, jamás volverán a verlos. El Señor mismo peleará por ustedes. Solo quédense tranquilos* (Éxodo 14:13-14).

Quedarse quietos y observar, ¿no? ¡Yo no tengo ese don espiritual! He sido oficialmente diagnosticado con TDAH, y sospecho que probablemente también me diagnosticarían un trastorno de ansiedad si me hicieran pruebas. Se me da mucho mejor moverme nerviosamente que mantenerme quieto. Pero hay temporadas en nuestra vida espiritual en las que estamos tan superados por el problema que enfrentamos, que lo mejor que podemos hacer es quedarnos quietos y dejar que Dios haga lo que solo Él puede hacer.

Probablemente ya conoces la historia: Dios hizo el milagro de separar las aguas del Mar Rojo para que los israelitas pasaran entre paredes de agua en suelo seco. Esa fue una solución que los israelitas no eran capaces de idear y tampoco era algo que Moisés pudiera hacer por sí mismo. Algunas tensiones en la vida requieren soluciones que son más grandes que nosotros. Y cuando ese es el caso, tenemos que desarrollar la capacidad de quedarnos quietos y observar cómo Dios actúa. La buena noticia es que si estás siguiendo a Dios lo mejor que sabes, Dios

—como dijo Moisés a los israelitas— luchará por ti. Por eso podemos mantenernos calmados incluso cuando normalmente entraríamos en pánico. En nuestro corazón podemos centrarnos en la realidad de que Dios nos cuida y lucha por nosotros cuando atravesamos tiempos difíciles. Como nos recuerda Jesús en Mateo 10, Dios nos valora profundamente y observa nuestras dificultades:

> *¿Cuánto cuestan dos gorriones: una moneda de cobre? Sin embargo, ni un solo gorrión puede caer a tierra sin que el Padre lo sepa. En cuanto a ustedes, cada cabello de su cabeza está contado. Así que no tengan miedo; para Dios ustedes son más valiosos que toda una bandada de gorriones.* Mateo 10:29-31

LA LUCHA CONTRA LA TENTACIÓN SERÁ MÁS DIFÍCIL AHORA

Todos luchamos contra la tentación. Satanás sabe que si logra que caigamos en estas áreas, puede crear una distancia entre nosotros y Dios, intensificando nuestro sentimiento de vergüenza y frustración personal. Es crucial que entiendas algo: si estás atravesando una etapa de *burnout,* esas batallas contra la tentación serán mucho más complicadas. En el próximo capítulo hablaremos de cómo el *burnout* reduce la actividad en la corteza prefrontal de tu cerebro y cómo esa reducción puede causar estragos en el trabajo y en otras áreas de tu vida. Pero, por ahora, es importante saber que la corteza prefrontal es fundamental para ayudarte a sopesar las consecuencias futuras de tus acciones actuales.[4] Cuando esta parte de tu cerebro funciona a pleno rendimiento, es más probable que rechaces tentaciones con consecuencias graves; sin embargo, cuando estás agotado, es menos probable que tomes la decisión correcta.

A lo largo de los años he visto numerosos casos de líderes cristianos que cayeron en algún tipo de fracaso moral, y me he preguntado si esto fue parte de la razón. En algunos de estos casos conocía personalmente al líder cristiano, y puedo asegurar que su pasión por el Señor y su deseo de hacer lo correcto parecían muy genuinos. Pero todos sabemos que incluso una persona con un deseo auténtico de hacer lo correcto puede sucumbir a la tentación. Por eso es muy importante ser consciente de que, en una temporada de *burnout,* podrías estar menos preparado para enfrentar estas luchas, y es posible que necesites reforzar los mecanismos de defensa contra las tentaciones con las que más batallas.

Si estás enfrentando una tentación específica, te animo a usar como modelo el ejemplo de José en el libro de Génesis. José trabajaba en la casa de Potifar, su amo egipcio, cuando la esposa de Potifar comenzó a sentirse atraída por él. Intentó que se acostara con ella una y otra vez. Recuerda que José era un joven con los impulsos y deseos típicos de su edad. Probablemente, la esposa de Potifar era una mujer muy atractiva, y la idea de estar con ella habría sido tentadora; sin embargo, José sabía que no debía hacerlo y la rechazó.

Él dejó clara su postura:

Pero José se negó:

—Mire —le contestó—, mi amo confía en mí y me puso a cargo de todo lo que hay en su casa. Nadie aquí tiene más autoridad que yo. Él no me ha negado nada, con excepción

> *de usted, porque es su esposa. ¿Cómo podría yo cometer semejante maldad? Sería un gran pecado contra Dios.*
>
> Génesis 39:8-9

La esposa de Potifar no aceptó el rechazo. Siguió intentando llevar a José a la cama, así que José hizo todo lo posible para evitar estar a solas con ella: *Día tras día, ella seguía presionando a José, pero él se negaba a acostarse con ella y la evitaba tanto como podía* (Génesis 39:10).

Un día, ella logró estar a solas con él y lo agarró por su ropa en un intento de seducirlo y conseguir lo que le había estado pidiendo: *Ella llegó, lo agarró del manto y le ordenó: «¡Vamos, acuéstate conmigo!». José se zafó de un tirón, pero dejó su manto en manos de ella al salir corriendo de la casa* (Génesis 39:12). Ella lo había agarrado con tanta fuerza y José se zafó con tanto ímpetu, que ella terminó con su manto en la mano. Aunque perdió su ropa, mantuvo su integridad.

El resto de la historia es fascinante, y espero que encuentres tiempo para explorar la vida de José si no lo has hecho ya. Aunque rechazar a la esposa de Potifar en ese momento de su vida dio inicio a otra etapa de dificultades por varios años, al final lo posicionó como el líder clave en Egipto durante la mayor parte de su vida. José demostró a Dios que era digno de confianza y que tenía la disciplina para hacer lo correcto, y Dios supo que podía llevarlo a los niveles más altos de liderazgo.

Entonces, ¿qué podemos aprender de José sobre cómo lidiar con la tentación? Lo primero es *decir no*. Tal como José declaró a la esposa de Potifar que no iba a acostarse con ella, tú también necesitas expresar claramente que no harás aquello a lo que estás siendo tentado. En segundo lugar, *evita voluntariamente las situaciones* todo lo que puedas. Así como José evitaba a la esposa de Potifar, tú también debes alejarte de las fuentes de tentación en tu vida. Y eso significa decir no a situaciones que, aunque no sean malas en sí mismas, podrían llevarte a un lugar vulnerable. Por ejemplo, podrías evitar salir con ciertos amigos. Tal vez debas decirles a tus compañeros de trabajo que no irás al bar con ellos después de trabajar. Quizás tengas que desarrollar el hábito de no sentarte frente a la computadora si no hay nadie más contigo que pueda ver lo que estás haciendo. Si quieres luchar contra la tentación, debes alejarte todo lo que puedas.

Finalmente, *huye si es necesario*. Hubo un momento en el que José sabía que solo tenía dos opciones: dejarse vencer por la tentación, o huir para salvar su vida. Tomó la decisión correcta. Habrá momentos en tu vida en los que sabrás que estás demasiado cerca de la tentación, y habrá una pequeña voz en el fondo de tu mente que te dirá que aún puedes alejarte. Escucha esa pequeña voz.

ABRAZA LA LUCHA; RECHAZA LA VERGÜENZA

Una de las cosas que parece ser una lucha constante para las personas que enfrentan *burnout* es la vergüenza y las dudas espirituales. Cuando las personas están lidiando con *burnout*, tienden a preguntarse en qué punto están con Dios, cuestionarse si de alguna manera han sido unos falsos espirituales, y castigarse a sí mismos espiritualmente. Sin embargo, ese tipo de autocompasión espiritual raras veces nos acerca a Dios. De hecho, tiende a hacernos luchar con profundos sentimientos de indignidad. Así como nuestros sentimientos de no ser lo suficientemente buenos pueden hacer que nos alejemos de las personas que amamos, de nuestro trabajo y de nuestro propio sentido de identidad, también pueden alejarnos de Dios; sin embargo, cuanto más dependas de tu relación con Dios como fuente de paz y dirección en tu vida, más doloroso será ese alejamiento y más intensamente tu vergüenza creará una crisis personal.

Sumirse en la vergüenza no te acercará a Dios. Tampoco lo hará obsesionarte con todo aquello en lo que no eres lo suficientemente bueno para Él. Ninguno de nosotros es lo suficientemente bueno como para merecer una relación con Dios. Somos adoptados en su familia; no competimos para entrar. Y como hijos adoptivos, somos amados por nuestro Padre en momentos de éxito, en momentos de fracaso, y en momentos en los que luchamos por seguir adelante. No vale la pena pasar noches en vela tratando de averiguar cómo ser dignos del amor de Dios cuando ya estamos recibiendo cantidades enormes de ese amor, independientemente de nuestro desempeño.

Aunque nos neguemos a dejar que la vergüenza nos domine, probablemente sí sería prudente aceptar la lucha espiritual que llega con el *burnout*. A veces, en los momentos oscuros de agotamiento, recibimos un momento de claridad del Señor: el resultado de ese fuego refinador que mencioné antes. Para Jacob, en el Antiguo Testamento, llegó en forma de una lección (donde a veces tienes que luchar diligentemente por lo que necesitas en lugar de engañar a las personas para obtenerlo) y en forma de un nuevo nombre: Israel. Para Job, llegó en forma de una comprensión renovada de que Dios es más grande que nuestra manera de pensar. Para Elías, llegó en forma de la negativa de Dios a terminar con su vida y un llamado a una segunda temporada de ministerio. Para Pedro, llegó con la forma de la invitación de Jesús a regresar al ministerio, aunque pensaba que haber negado a Cristo era fracaso suficiente como para relegarlo de nuevo a la vida de pescador. Para Saulo (quien se convirtió en el apóstol Pablo), llegó en forma de la revelación de que estaba jugando para el equipo equivocado.

Una persona sabia (y probablemente estresada) dijo una vez: "Nunca desperdicies una buena crisis". Esta crisis de *burnout* en tu vida puede tener un efecto refinador en tu carácter y puede impulsarte hacia un futuro que supere tu pasado. No dejes que la vergüenza te robe esa oportunidad. En cambio, abraza la lucha y las lecciones que puede traerte. De hecho, quizás quieras escribir un diario donde anotes las lecciones que estás aprendiendo mientras luchas con el *burnout*. Sospecho que al principio no sabrás exactamente qué escribir en ese diario, pero antes de que esto termine, podrías necesitar un segundo cuaderno.

CAVA UN POZO

En el Salmo 84 leemos sobre los israelitas mientras regresaban a Jerusalén después de haber estado en cautiverio en Babilonia durante décadas. A diferencia del éxodo grupal que tuvo lugar cuando Moisés condujo a los israelitas desde Egipto hasta la tierra prometida, este viaje de regreso a casa para los israelitas sería disperso. Así que el salmista está escribiendo sobre personas en su camino a casa en todas las etapas del viaje. Escribe sobre aquellos que ya llegaron a Jerusalén cuando dice: *Dichosos los que habitan en tu Temploy sin cesar te alaban* (Salmo 84:4, NVI). Y está hablando de aquellos que están en camino pero aún no han llegado allí cuando al decir: *Dichoso el que tiene en ti su fortaleza, que de corazón camina por tus sendas* (v. 5, NVI).

Imagina cómo debió haber sido para aquellos que aún no habían llegado a casa. Es difícil atravesar una temporada difícil y saber que otros ya lo han logrado y tú todavía no. Específicamente, el salmista habla de una etapa del viaje: el paso por el Valle de Baca. Ese valle a veces se llamaba el "Valle de las Lágrimas"[5] por dos razones. Una es debido a los árboles que se encontraban en esa parte árida del desierto. Cuando la corteza de ese tipo de árbol se agrieta o se rompe, la savia sale de una manera que parece casi exactamente como una lágrima humana.[6] Cuando caminas junto a esos árboles, parece que el follaje a tu alrededor está llorando. Qué deprimente. Además, este valle mencionado aquí, ya sea metafórico o literal, se caracterizaría como un lugar muy seco e inhóspito a lo largo del viaje.[7]

Entonces, piensa en cómo debió haber sido caminar por ese Valle de Lágrimas, sabiendo que algunos de tus amigos y familiares ya estaban en Jerusalén celebrando alegremente después de haber llegado a casa. Podrías pensar que el salmista haría hincapié en cuán deprimente sería esa experiencia. En cambio, señala que aquellos que encuentran su fuerza en Dios mientras atraviesan esta parte difícil del viaje, comienzan a cavar pozos (*lo convierte en región de manantiales*, v. 6, NVI).

¿Por qué cavar pozos? Dos razones. La primera es que estas personas anticipan la provisión de Dios. Su espíritu dice: "Puede que esté seco aquí, pero apuesto a que Dios tiene agua para nosotros en algún lugar. Mejor agarro una pala". Hay fe que dice: "Aunque estoy pasando por un momento difícil, la provisión de Dios está aquí si la busco". Segundo, estos cavadores de pozos se preocupan por aquellos que harán este viaje después de ellos. Les interesa ser una fuente de provisión de Dios para las personas que los seguirán por este valle difícil en el que están.

Entonces, las preguntas son estas: ¿estás anticipando la provisión de Dios mientras atraviesas este valle de *burnout*? En caso negativo, tal vez quieras agarrar una pala. La provisión de Dios está ahí. Solo tendrás que buscarla. ¿Y estás dispuesto a dejar que tu lucha contra el *burnout* te inspire para ayudar a otros que pasarán por este valle después de ti? Si es así, podrías comenzar a pensar en qué significa cavar pozos en tu contexto. Tal vez Dios tiene toda una nueva temporada de ministerio preparada para ti que solo podrás realizar gracias al valle que estás atravesando ahora.

No olvides cavar un pozo.

CAPÍTULO 6
PREGUNTAS DE DISCUSIÓN PARA GRUPOS PEQUEÑOS

1. ¿Qué impacto ha tenido el estrés en tu relación con Dios?

2. ¿Sientes que a veces tienes que cargar con el peso del estrés tú solo? ¿Cuál ha sido tu experiencia al entregar tus cargas a Dios (ver Salmos 55:22)? ¿Has encontrado una manera práctica de hacerlo?

3. ¿Cuál ha sido tu experiencia con la tentación en medio del estrés? ¿Cómo has lidiado con la tentación que surge cuando tienes poca energía para luchar contra ella?

4. ¿Has sentido vergüenza en tu camino de lucha contra el estrés, especialmente sintiendo que no estás manejando tu estrés tan bien como deberías? ¿Qué crees que diría Jesús de esos sentimientos?

5. ¿Cuál es tu opinión sobre cómo Dios ve a sus hijos que están lidiando con cargas pesadas de estrés?

7

RECUPERA TU VIDA LABORAL

Harper aparcó su auto en el espacio reservado con su nombre en el garaje del hospital. El cartel decía: "Dra. Walsh, Médica de Urgencias". Recordaba una época en la que ese cartel era un orgullo enorme para ella. Marcaba la culminación de un objetivo por el que había trabajado durante años. Convertirse en médica de urgencias no había sido un camino rápido ni fácil, pero lo había logrado. La gente la admiraba, y estaba marcando la diferencia en la vida de los pacientes. Cuando comenzó a trabajar en el hospital, su mamá le tomó una foto junto al brillante cartel de estacionamiento reservado. Ahora el cartel estaba sucio, como el resto del garaje, y parecía más una lápida que un símbolo de éxito. Parecía ser solo otra forma en que el hospital se aseguraba de tener *cada segundo* de su tiempo disponible. Le daban un espacio de estacionamiento cerca de Urgencias por la misma razón por la que las grandes granjas lecheras no dejan que las vacas se alejen demasiado de los establos donde las ordeñan.

Se quedó sentada en su auto durante tres minutos, mirando el reloj que parpadeaba la hora. En los primeros días de su carrera médica habría entrado con entusiasmo en Urgencias apenas llegara al hospital, incluso si faltaban quince o veinte minutos para su turno. Ahora estaba decidida a no entrar ni un minuto antes de lo necesario. Notó que, en esos breves periodos de tiempo mientras esperaba para entrar al trabajo, se sentía cada vez más inquieta. Realmente estaba comenzando a sentir un nudo en la garganta cuando llegaba la hora de entrar. Una parte de ella no quería hacer esto más.

Pero tengo que hacerlo.

Vaya. Ese era un pensamiento perturbador.

Tenía que hacerlo.

Su deuda estudiantil daba fe de ello. Compró unas cintas de autoayuda y trató de escucharlas justo antes del trabajo. Probó un poco de meditación. Incluso intentó llegar exactamente a la hora justa para no tener que quedarse allí esperando hasta que comenzara su turno. Nada de lo que intentó le ayudó a sentirse mejor.

Cuando entró a Urgencias, sus compañeros la saludaron, pero notó que no establecían contacto visual. Había una parte de ella que entendía por qué. En los últimos seis meses se había vuelto menos paciente con sus compañeros. Después de todo, era médica. Los médicos no deberían soportar de buena gana a los incompetentes. Y en esta profesión si cometías errores la gente podía morir. Se dio cuenta de que se estaba tomando todo muy en serio y les había gritado a varios compañeros; sin embargo, no estaba lista para disculparse por eso. Si no podían soportar la presión, tal vez deberían dejar Urgencias. Más allá de eso, tal vez simplemente les incomodaba que una mujer adoptara una postura firme con un compañero. Si ese era el caso, era problema de ellos. Necesitaban ponerse al día y entender.

Su insistencia en que sus compañeros no cometieran errores se complicaba; sin embargo, era por el hecho de que Harper había estado cometiendo errores últimamente. No habían sido errores enormes, pero había notado que simplemente no estaba en su mejor momento. Definitivamente había tenido algunos momentos embarazosos cuando reprendía a un compañero por un error solo para darse cuenta de que el error era suyo. Esos eran momentos que preferiría olvidar. Se preguntaba por qué estaba teniendo ese tipo de problemas. Nunca había sido alguien que cometiera errores. Peor aún, había estado lidiando con problemas de memoria. Pedía a la gente que repitiera las cosas constantemente. Y últimamente había comenzado a confundir en su cabeza detalles de los síntomas de los pacientes. Pensaba que Bob en la habitación 5 tenía alergia al látex, cuando en realidad era David en la habitación 3. Gracias a Dios por los registros médicos, las fichas y las enfermeras atentas. Pero era realmente preocupante que su memoria pudiera ser tan poco fiable. Antes no era así.

Una cosa que había estado rondado por su mente últimamente era que tendría que rendir cuentas ante un comité de revisión médica por una muerte que ocurrió recientemente durante su turno. En el proceso de intentar reanimar a un paciente en estado crítico, tomó una decisión que otros en la sala cuestionaron. Aunque no se lo había dicho a nadie, ahora ella también cuestionaba esa decisión. Ahora, mirando atrás, lo consideraba una elección precipitada y desesperada que no habría tomado si hubiera manejado sus emociones y permanecido tranquila, como se requiere que lo hagan los médicos de urgencias.

Hacia el final de su turno, Harper tomó un descanso para ir al baño y se vio en el espejo. ¿Quién era esta mujer que estaba viendo? ¿Y dónde estaba la médica entusiasta, emocionada, autocontrolada y brillante que solía ser? Había luchado mucho para llegar a este momento en su carrera, pero no podía imaginar a nadie queriendo luchar para sentirse como ella lo hacía. En el fondo, sabía que estaba "quemada". Lo que no sabía era cómo había llegado a ese punto ni qué podía hacer al respecto.

LA BATALLA DE HARPER CONTRA SU CEREBRO VÍCTIMA DE *BURNOUT*

Harper está lidiando con algo que me gusta llamar "cerebro víctima de *burnout*". En resumen, el cerebro víctima de *burnout* es como una combinación de lo siguiente: olvidos, agitación, impulsividad, terquedad, ansiedad, depresión, inquietud, ira, falta de perspectiva y fatiga. Cuando tu cerebro es víctima de *burnout*, el trabajo es más difícil y puede ocurrir que comiences a tener sentimientos negativos hacia un empleo que normalmente amarías. Cuando tu cerebro está sufriendo los efectos adversos del agotamiento, todo se vuelve más difícil. Es como correr con pesas o caminar con una mochila pesada... sientes el peso extra que hace todo más complicado.

Como cuando una persona lee la misma frase veinte veces porque se distrae constantemente mientras intenta leer un libro, el cerebro víctima de *burnout* te hace sentir que tus pensamientos se han ralentizado.[1] Aunque ordenes a tu cerebro que se enfoque, no lo hará.[2] El cerebro víctima de *burnout* te hace menos consciente de las tareas diarias. Te encuentras haciendo las cosas de forma automática hasta el punto de que, una vez completada la tarea, te das cuenta de que ni siquiera recuerdas haberla hecho. Las pequeñas cosas te molestan, y tardas más que antes en superarlas. Te sientes nervioso y ansioso en algunos momentos, y luego triste y vacío en otros; pero no sabes por qué.

Cuando tu cerebro es víctima del *burnout*, el pozo creativo se seca.[3] Exiges ideas a tu cerebro, pero en su lugar obtienes ansiedad de que nunca más se te ocurra algo nuevo o útil. Y a pesar de tu deseo de pensar ideas nuevas y creativas, te aferras obstinadamente a lo que funcionó antes, incluso si tienes una buena razón para creer que no funcionará en el futuro.

Escuchar a los demás es más difícil. Como en las caricaturas de Charly Brown y Snoopy, las voces de las personas que te hablan a veces parecen casi ruido de fondo distorsionado. En esos momentos, estás perdido en algún lugar profundo dentro de ti, pero el viaje hacia adentro no parece estar ayudando. Mientras tanto, los demás parecen frustrados por lo distraído que ahora pareces estar. Agravando estas luchas, notarás que reaccionas más y filtras menos.[4] Dirás cosas que nunca habrías dicho hace años atrás. Es posible que hagas cosas de las que después te arrepientas. Y tus relaciones serán cada vez más tensas.

Una persona con cerebro víctima de *burnout* probablemente muestre al menos algunos de los siguientes síntomas:

- Olvidos
- Inflexibilidad
- Impulsividad
- Estallidos emocionales
- Momentos de desconexión
- Rigidez/falta de pensamiento creativo o innovador
- Perfeccionismo
- Postergación
- Ansiedad (a veces acompañada de una dependencia casi infantil de otros)

- Depresión (caracterizada especialmente por una falta de disposición o capacidad para realizar tareas razonables, sentimientos de desesperanza, y cinismo hacia uno mismo y el trabajo)
- Ciclos rápidos entre estados emocionales
- Baja autoestima (esto puede parecer lo opuesto a la rigidez, pero al igual que los estados emocionales, la rigidez y la baja autoestima tienden a alternarse en individuos agotados)
- Fatalismo sobre uno mismo y el futuro

Eso es con lo que está lidiando Harper. No es que sea una mala médica ni que no esté hecha para este tipo de trabajo. Ha presionado demasiado por demasiado tiempo y tiene un caso grave de cerebro víctima de *burnout*. En la próxima sección, intentaré hablar un poco sobre lo que sucede en nuestro cerebro cuando nos quemamos. Una médica como Harper probablemente diría que estoy simplificando las cosas, pero al menos es un buen punto de partida para entender cómo nuestro cerebro se desploma bajo la carga del *burnout*.

CORTEZA EJECUTIVA PRINCIPAL

Justo detrás de tus cejas, protegida por el hueso frontal del cráneo, se encuentra la parte más avanzada de tu cerebro: la corteza prefrontal. Esta parte de tu cerebro fue diseñada por Dios para realizar las tareas cognitivas y emocionales más complejas. Emocionalmente, esta parte de nuestro cerebro está profundamente involucrada en cómo procesamos el significado de las cosas que nos suceden y en cómo transmitimos información desde y hacia otras partes del cerebro y del cuerpo sobre lo que sentimos acerca de nuestra interpretación de esas cosas (nuestra experiencia emocional). La corteza prefrontal está especialmente involucrada en algo que llamamos funciones ejecutivas. Estas funciones incluyen cosas como la planificación en el largo plazo, la resolución de problemas o acertijos, el control de los impulsos, la resistencia a las tentaciones, el control de la atención, y la concentración y la flexibilidad cognitiva.[5] Igual que las funciones de un CEO en una gran empresa, las funciones ejecutivas del cerebro son críticas para el éxito, especialmente si la vida te está lanzando grandes factores de estrés.

Desgraciadamente, hemos aprendido que la corteza prefrontal es una de las partes del cerebro más vulnerables a los efectos del estrés crónico,[6] así que algunos de los síntomas problemáticos del *burnout* incluyen una reducción de las funciones ejecutivas (el cerebro víctima de *burnout*).[7] Por ejemplo, algo que observamos en las personas agotadas por el estrés es la dificultad para regular el estado de ánimo, por lo que es común que las personas con *burnout* sufran ansiedad, depresión, o ambas. Incluso si no llegas a experimentar depresión o ansiedad como tal, ese déficit en la regulación del estado de ánimo puede derivar en dificultades para controlar tus respuestas emocionales a la vida cotidiana.

Podrías, por ejemplo, comenzar a llorar sin razón aparente, sentirte ansioso por cosas que antes no te habrían preocupado, explotar contra otros con enojo, o perder la paciencia fácilmente. Esta lucha con la regulación emocional es un síntoma muy común del *burnout*, y no debería ser ignorado. Tus emociones son una especie de mundo privado, por lo que pocos sabrán tan bien como tú cuando algo anda mal emocionalmente. Cuando lo percibas, es importante tomarlo en serio.

TERQUEDAD

La flexibilidad cognitiva se ve afectada cuando nuestra corteza prefrontal no está funcionando de la mejor manera, por lo que podemos volvernos muy rígidos en nuestra adherencia a nuestras propias ideas iniciales sobre cómo deberían hacerse las cosas, especialmente prefiriendo la manera en que nos sentimos más cómodos haciéndolas (la mentalidad de "o se hace a mi manera o no se hace").

Henry Ford dio un gran ejemplo de este tipo de rigidez cognitiva, cuando después de regresar de unas vacaciones en Europa se le presentó un prototipo a tamaño real de un nuevo coche Ford que su equipo había diseñado mientras él estaba fuera. Estancado en una prolongada temporada de rigidez cognitiva, Ford había insistido en que el Modelo T no necesitaba un reemplazo, a pesar de que los competidores de Ford estaban sacando nuevos modelos cada año. Supongo que el equipo de personal de Ford había esperado que el nuevo auto fuera lo suficientemente atractivo y emocionante como para superar la insistencia de Ford a aferrarse a lo viejo, lo familiar y lo cómodo.

Después de caminar alrededor del auto y mirarlo brevemente, Ford procedió a desarmarlo con las manos mientras su equipo lo observaba.[8] Imagina lo que debe haber sido ver a Henry Ford arrancar las puertas de ese brillante auto nuevo. Este puede ser un ejemplo extremo de rigidez cognitiva, pero es un gran retrato de lo que sucede cuando estamos agotados por el estrés e insistimos en hacer las cosas a nuestra manera.

CONTROL DE IMPULSOS

Probablemente, uno de los mayores desafíos del cerebro víctima de *burnout* tiene que ver con el control de los impulsos. Todos los días tenemos impulsos emocionales que pueden o no ser inteligentes. Algunos de estos impulsos incluso pueden estar por debajo de nuestra conciencia. Por ejemplo, a un nivel emocional muy reactivo, podríamos sentir la tentación de gritarle a alguien que se nos adelantó en la fila del autoservicio en el supermercado. O, quizás de manera más inocente, podríamos sentirnos tentados a darnos un atracón de un alimento poco saludable que hemos estado evitando con éxito durante el último mes al verlo en la estantería de una tienda.

La corteza prefrontal tiene un poder de veto muy fuerte sobre este tipo de impulsos porque nos hace más conscientes de las consecuencias y nos ayuda a usar recompensas en el largo plazo como incentivo para decir no a una tentación en el corto plazo.[9] Sin embargo, cuando estamos agotados, podemos estar mucho menos sintonizados con las consecuencias de nuestras decisiones. Entonces, tiene sentido que cuando estamos lidiando con *burnout* no estemos en una buena posición para tomar grandes decisiones que involucren riesgos. De hecho, puede que necesitemos supervisión para tomar decisiones que puedan tener consecuencias financieras, relacionales, o de salud en el largo plazo hasta que estemos en un mejor estado mental.

En la Escritura hay un libro llamado Eclesiastés donde Salomón, considerado el hombre más sabio de la Biblia, escribe sobre su experiencia con el *burnout* y la depresión. En su temporada de agotamiento, tomó muchas decisiones que no eran coherentes con sus valores en un intento de sentirse menos ansioso y de salir de su etapa oscura. Cuando estás sufriendo *burnout*, puede ser tentador salir y hacer cambios importantes e imprudentes en tu vida: renunciar a tu trabajo, comprar una casa nueva, divorciarte, o comenzar a practicar *puenting* (bueno, tal vez eso último no sea tan malo). Solo ten en cuenta que hacer esos cambios no suele resolver el problema. Desgraciadamente, hacer cambios radicales durante un periodo de estrés generalmente solo crea nuevos problemas. Así que, como un piloto que tiene que ser especialmente cuidadoso porque uno de sus sensores está fallando, tú también debes ser muy cuidadoso porque tu sensor de consecuencias no está funcionando plenamente. Tendrás que ser especialmente cauteloso con esas decisiones importantes.

MEMORIA DE TRABAJO

Si tu cerebro es víctima de *burnout*, probablemente tengas dificultades con algo que los psicólogos llaman *memoria de trabajo*.[10] Nuestra memoria de trabajo es como una pizarra blanca para el cerebro, donde podemos almacenar información relevante hasta que ya no la necesitemos. Por lo tanto, una de las cosas que probablemente notarás si estás luchando contra el *burnout* es que a menudo acudes a esa pizarra blanca para tomar una pieza de información que acabas de almacenar allí hace un momento, solo para descubrir que la información ha desaparecido.

Para mí, una señal de que estoy luchando con esto es cuando me encuentro caminando por un pasillo hacia la oficina de alguien en la iglesia, solo para darme cuenta de que no recuerdo de qué tengo que hablar con esa persona. Por supuesto, eso nos sucede a todos de vez en cuando. Y es importante saber qué es normal para ti en cuanto a esos momentos de olvido. Sé que normalmente puedo tener una experiencia como esa una vez al mes incluso cuando mi cerebro está funcionando como debería; pero si comienzo a tener esta experiencia cada dos días, sé que algo no está bien. Por cierto, este tema de la memoria de trabajo también está relacionado con la atención. Así que si notas que te pierdes mientras alguien te habla, o llegas a casa con la sensación de que simplemente apareciste allí sin recordar realmente el trayecto, estos también son indicadores de que el *burnout* podría estar afectándote.

¿QUÉ TIENE QUE VER CON ESTO LA RESPUESTA DE LUCHA O HUIDA?

Ya que hablamos de las partes y funciones del cerebro, vamos a hablar un poco sobre la amígdala. Bajo esa alfombra arrugada y gris que usualmente imaginas cuando piensas en el cerebro, hay un montón de piezas y partes que hacen trabajos especializados, muchos de los cuales son cruciales para tu supervivencia. En ese conjunto llamado cerebro medio hay dos partes en forma de almendra llamadas amígdalas. Cada amígdala está involucrada en el proceso de interactuar con tu corteza prefrontal sobre las emociones, prestando especial atención a la emoción del miedo.[11, 12] De hecho, la amígdala es la parte de tu cerebro que más participa a la hora de activar el modo de lucha o huida en el cerebro y en el resto de nuestro cuerpo.[13]

Mientras haya una buena conectividad y actividad entre la corteza prefrontal y la amígdala, solemos tomar buenas decisiones cuando se trata de decidir si una situación es amenazante o no. Pero recuerda que dijimos que cuando el estrés crónico es lo normal, nuestra corteza prefrontal no funciona tan eficazmente como debería, así que las partes más reactivas y emocionales de nuestro cerebro tienen mayor libertad para desencadenar el pánico cuando probablemente deberíamos permanecer tranquilos.

Peor aún, una vez que activamos el modo de lucha o huida, la corteza prefrontal se va de vacaciones, por así decirlo. Dios nos diseñó de esta manera para que las partes más rápidas y orientadas a la supervivencia de nuestro cerebro tomen el control cuando la supervivencia es la prioridad número uno. Una forma de pensar en la corteza prefrontal es imaginarla como un brillante CEO de una gran empresa. Cuando le haces una gran pregunta sobre un problema que nadie más puede resolver, ese brillante CEO se recuesta en su silla y piensa durante varios minutos. Puede parecer que está tardando una eternidad para pensar, pero cuando habla te das cuenta de por qué le pagan tanto. Su visión es brillante. Por otro lado, tiendo a pensar en las amígdalas como el típico señor que se encarga de la seguridad de pérdidas en la empresa, un poco despeinado, con una docena de manchas de café en la corbata, pero su revólver está perfectamente pulido. Este tipo vive por y para las rutas de escape y las inspecciones de los extintores de incendios, y nadie lo deja asistir a las reuniones de personal porque lo único que sabe decir es "todos vamos a morir".

Pero si el edificio realmente está en llamas, lo ideal no es preguntarle qué hacer al CEO. Si lo haces, mientras el CEO se recuesta en su silla y piensa durante diez minutos, todos morirán. En esa emergencia de vida o muerte necesitas que esté al mando el señor de seguridad de pérdidas. Puede que no sea la persona más brillante del organigrama, pero es probablemente la persona más adecuada para evacuar el edificio. Por otro lado, los problemas complejos requieren la visión del CEO. Necesitas a ambos, pero debes asegurarte de asignar a la persona adecuada para cada trabajo.

Y aquí es donde se cruza la línea: el estrés crónico prepara el terreno para las respuestas de lucha o huida y, como ya dijimos, limita nuestra corteza prefrontal. Por lo tanto, cuando el estrés crónico es lo normal en tu vida, estás poniendo al señor de seguridad de pérdidas en el despacho grande para tomar las decisiones importantes. En mi opinión, eso fue lo que le pasó a Mike Wallace (hablamos de eso en el capítulo 3), y casi le costó la vida.

EL PANORAMA GENERAL

Como investigador en el campo de la psicología organizacional, defendería que hay tres componentes principales de un trabajo saludable que, cuando están balanceados, proporcionan una vida laboral saludable y agradable: pasión, personas, y productividad. Es posible, por supuesto, tener éxito trabajando en algo que no te apasione. Pero si no te apasiona, probablemente el trabajo no será una alegría para ti. Será algo que haces para recoger un salario, y tu corazón no estará volcado completamente en él.

Los mejores trabajos son aquellos que te permiten ejercer tu pasión. Tal vez te apasione ayudar a las personas. Si es así, podrías ser muy bueno en algún tipo de rol de servicio al cliente. Y siempre que puedas mantener tu pasión conectada a las tareas diarias que tienes que hacer, encontrarás alegría en tu trabajo. Claro que habrá momentos que te agitarán, y, como en cualquier trabajo, habrá frustraciones y preocupaciones en el camino; pero, si te apasiona lo que haces, seguirás disfrutando de levantarte por la mañana e ir a trabajar.

También necesitas conexión, y ahí es donde entran las personas. La interacción humana en el trabajo es una parte importante de lo que necesitamos para tener éxito. Estoy escribiendo este libro después de la pandemia de COVID-19, y durante esa crisis los investigadores como yo aprendimos mucho sobre los arreglos laborales. Casi todo tipo de situación laboral ha sido puesta a prueba desde 2020, y estamos aprendiendo mucho sobre las diferentes formas en que las personas pueden hacer su trabajo de manera no tradicional. Pero una cosa que seguimos aprendiendo es que a las personas les cuesta mucho trabajar en un vacío de interacción y apoyo social. Aunque es cierto que a veces podemos hacer más cuando no estamos distraídos por otros, nuestro bienestar mental y emocional es mejor cuando tenemos buenas relaciones interpersonales en el trabajo.

Finalmente, la productividad es clave, pues de lo contrario, no tiene sentido trabajar. Tenemos que producir algo de valor, o realmente no tiene sentido presentarse. Hablando en general, la empresa para la que trabajas vigilará la productividad. Si está siendo gravemente afectada, te lo harán saber. Sin embargo, sabemos que en la lucha contra el *burnout los trabajadores tienen la necesidad de ver y sentirse bien con respecto a su productividad.* Existe la necesidad de poder dar un paso atrás de nuestro trabajo, admirarlo, y ver el valor de lo que hemos logrado.

Esto es especialmente importante en campos en los que no estamos creando un producto físico y pasamos el día delante de una computadora. Si eres carpintero, puedes dar un paso atrás en una habitación llena de armarios y admirar tu trabajo. Si eres trabajador de chapa metálica en una fábrica de aviones, puedes admirar la sección del avión que construiste mientras este pasa volando. Pero si eres contable y ayudaste a preparar cientos de reportes fiscales, no es tan fácil admirar tu trabajo; sin embargo, es igual de importante encontrar un modo de hacerlo.

Entonces, este es el panorama general: cuando tu cerebro es víctima de *burnout,* empezarás a perder la pasión por lo que haces. Incluso si es algo que realmente amas, como la medicina para Harper, puedes perder completamente tu amor apasionado por escribir, ayudar a las personas, crear, construir, predicar, enseñar, hacer servicio público, etc. Y cuando eso desaparece, el trabajo comenzará a parecer mucho más difícil y como una montaña aterradora que debes escalar, en lugar de ser un desafío agradable.

Y, en algún momento del camino, tu cerebro víctima de *burnout* te hará menos relacional. Hablamos de esto en el capítulo 5. Empezarás a ser brusco o a distanciarte de las personas con las que solías interactuar de manera saludable. Serás más reactivo y menos consciente emocionalmente. Luchando por regular tus impulsos, dirás cosas que luego desearías no haber dicho. Al final, notarás que las personas en el trabajo que solían ayudarte en tiempos difíciles no están tan cerca porque tienden a desaparecer por los pasillos cuando te ven llegar.

Probablemente, lo último en desaparecer cuando estamos lidiando con el *burnout* es la productividad. Parte de eso se debe a que entendemos cuán crucial es seguir produciendo al nivel esperado por nuestro empleador, sin importar lo que estemos atravesando. No queremos perder nuestros trabajos. Aun así, cuando ocurre un caso grave de *burnout,* finalmente tu productividad disminuirá. Cuando eso suceda, no solo creará problemas para ti en el trabajo, sino que también creará problemas de autoestima para ti. Tal vez incluso antes de que tus jefes noten tus pérdidas de productividad, tú ya las habrás notado;

y comenzarás a sentirte ansioso por saber qué ocurrirá con tu puesto de trabajo.

Harper ha perdido su pasión, el aspecto relacional de su trabajo ha sufrido, y está comenzando a luchar con la productividad. Por eso se sienta en su auto antes de su turno, sin querer entrar ni un segundo antes. Sabe que las cosas no están como deberían estar. Está luchando mucho porque su cerebro es víctima de *burnout*.

RECORDANDO EL *PORQUÉ* Y *EL QUIÉN* PARA RECUPERAR TU VIDA LABORAL

Si estuviera aconsejando a Harper en medio de su desafío con el *burnout*, querría que prestara atención a lo que ya hemos cubierto en este libro sobre la reducción del estrés y las elecciones de vida saludables. Además, querría que volviera a conectar con su propósito (el *porqué*) y con las personas (el *quién*) en el trabajo para recuperar las relaciones saludables que antes tenía.

Al haber observado cómo ha perdido la pasión por lo que hace, querría que se involucrara nuevamente con el porqué de su trabajo. ¿Qué era lo que le emocionaba de ese trabajo en un principio? ¿Cuál era la pasión que le impulsó a sobrevivir años de escuela de medicina y su residencia? ¿Cuáles son algunas de las historias que puede recordar de cómo utilizó su ocupación para cambiar la vida de las personas? Y, quizás una pregunta todavía más importante: si soñara un poco, ¿qué le gustaría lograr en este campo? ¿Cuál le gustaría que fuera su legado?

En cuanto a volver a conectar con las personas, puede que necesite reflexionar sobre lo que ha sucedido y lo que ha dicho a sus compañeros por culpa del *burnout*, y es probable que deba pedir perdón. Quizás necesite hacer una tarea de reparación para restablecer relaciones con personas que podrían ayudarle a encontrar de nuevo su lugar en el trabajo. Además, puede que necesite trabajar con un consejero o un *coach* de vida que pueda ayudarle a superar algunos de los hábitos relacionales poco saludables que ha desarrollado en esta temporada de *burnout*, para que pueda ejercitar nuevas habilidades relacionales que ayuden a sanar esas relaciones.

Si estás siguiendo esta historia y también estás tratando de recordar el *porqué* y el *quién*, déjame animarte a usar un diario para ello. Lo sé, lo sé: la mayoría de las personas con las que trabajo piensan que escribir en un diario es para quienes hacen trabajos manuales, ven comedias románticas y coleccionan figurillas de Precious Moments, no para ellos. Créeme: escribir en un diario es mucho más poderoso de lo que crees. Cuando intentamos comprender cosas en la vida, escribirlas es una de las formas más poderosas de ayudar a nuestro cerebro a procesar y recordar lo que estamos aprendiendo. Así que tómate un momento para escribir lo que recuerdas sobre tu pasión por lo que haces y cuáles son tus sueños hacia adelante. Escribe lo que estás aprendiendo sobre tus interacciones con las personas y cómo quieres mejorarlas. Te ayudará.

DISEÑO DE UN MEJOR ENTORNO LABORAL

Una cosa de la que no hablamos en la situación de Harper es el entorno laboral. La relación entre el entorno laboral y el *burnout* es un tema que merece un libro entero. El entorno laboral incluye cosas como el entorno físico que te rodea (tu escritorio, tu silla, tu recepción, tu estación de trabajo, tu banco de trabajo, etc.), pero también incluye cosas abstractas como tu nivel de claridad sobre tus responsabilidades laborales, la forma en que los compañeros de trabajo comparten la carga laboral, y hasta qué punto puedes ser tú mismo en el trabajo. En la mayoría de los entornos laborales habrá cosas que no puedes cambiar, pero debes enfocarte en las cosas que sí puedes controlar. ¿Ayudaría mejorar o cambiar alguna de esas cosas?

A algunas personas lo que les ayudará es obtener mayor claridad sobre lo que se espera de ellas en ciertas situaciones en el trabajo. Para otras, podría ser solicitar una silla que no tenga un reposabrazos roto. O podría ser pedirle a tu jefe si puedes usar tapones para los oídos para que el ruido de fondo en la planta no te distraiga tanto. En cualquier caso, empieza a hacer lo que puedas para mejorar tu entorno laboral.

Si crees que no tienes poder para mejorar tu entorno laboral, verifica si eso es realmente cierto. A veces, un pequeño ajuste puede ayudar, así que no te convenzas de que no puedes cambiar nada. Mantente dispuesto a probar pequeñas cosas y comprobar si pueden marcar una gran diferencia.

¿POR QUÉ NO DEJAR ESTE TRABAJO Y COMENZAR DE NUEVO?

Uno de los sentimientos más desagradables del *burnout* es la inquietud. Es un sentimiento que te dice que necesitas hacer algo (cualquier cosa) para sentir alegría. Da igual lo que cueste. Y cuando las personas tienen ese tipo de sentimiento de inquietud relacionado con su trabajo, a menudo se sienten tentadas a dejar su empleo y buscar algo completamente diferente. Lo he visto suceder decenas de veces. Una persona pasa por una temporada de *burnout* y, en lugar de interpretar esa temporada como un momento para abordar patrones personales poco saludables y luchar contra una carga de estrés irrazonable, lo interpreta como una señal de que ya no está en la ocupación correcta y deja su trabajo.

He mencionado que el descanso es una de las herramientas de recuperación más importantes en tu lucha contra el *burnout*. A menudo, estas personas logran descansar varias semanas después de dejar su trabajo, y una vez que un poco de cordura regresa a su corteza cerebral, se dan cuenta de que realmente amaban lo que hacían; pero, para ese momento, no pueden regresar al trabajo que dejaron. En ese punto se encuentran lidiando con el estrés de empezar de nuevo, y vuelven al estilo de vida de mucho estrés que pensaron que estaban dejando atrás.

Déjame animarte a no tomar *decisiones enormes y que cambien tu vida* en medio de una batalla contra el *burnout*. El cerebro víctima de *burnout* es como una densa niebla mental, y en esa niebla no verás con suficiente claridad como para evaluar un cambio de dirección o destino. Recuérdate que hay tiempo para hacer cambios de rumbo una vez que estés en una posición más saludable, y que el precio de ser paciente hoy merece la pena para obtener la recompensa de una mejor decisión en el futuro. Si estás en una situación en la que puede que te veas obligado a tomar una decisión importante sobre el trabajo en una temporada de *burnout*, intenta contar con asesores de confianza que no estén luchando contra la niebla mental del *burnout*. Sería mejor recibir consejos de personas que puedan ver claramente en esta situación que disparar a ciegas.

Al final, es importante saber que los sentimientos van y vienen. Puede que hoy sientas que no puedes continuar en esa empresa, en ese tipo de trabajo o haciendo ese tipo de labor. Tal vez esos sentimientos persistan y necesites hacer un cambio permanente. Es más probable, sin embargo, que lo que sientes ahora sea transitorio, y pronto querrás quedarte. De nuevo, para esto un diario ayuda mucho. Escribe cuáles son esos sentimientos en ambos extremos del péndulo. Al revisar lo que has escrito, será más fácil ver los altibajos de tus sentimientos, así como las partes que permanecen consistentes.

UNA PERSPECTIVA BÍBLICA

Recuerda que Dios asignó el trabajo antes de la caída del hombre. Dios le dio a Adán un trabajo en el jardín del Edén antes de que el pecado entrara en el mundo y todo se desmoronara. Eso me dice que el trabajo tiene un componente divino. Hay un aspecto del trabajo que forma parte de la perfecta voluntad de Dios antes de que este se viera estropeado por la influencia del pecado. Por supuesto, sabemos por la lectura de la maldición de Dios después del primer pecado que el trabajo se volvió difícil como consecuencia del pecado.

Tal vez esté haciendo demasiadas suposiciones, pero creo que el componente divino del trabajo es el logro, la creatividad y el servicio. Creo que la maldición del pecado introdujo el agotamiento en la experiencia laboral. Así que tiene sentido para mí que si queremos tener la mejor experiencia laboral posible, necesitamos combatir el agotamiento en el trabajo siempre que podamos. Claro, el trabajo será cansado, pero cuanto más podamos combatir el agotamiento y crear una plataforma para el logro, la creatividad y el servicio, en mayor medida podremos regresar a la voluntad de Dios en nuestro trabajo. No tenemos que aceptar ni normalizar una vida laboral agotadora, sin pasión y sin propósito. Podemos insistir en una vida laboral apasionada y alegre. Y cuando lo hacemos, estamos experimentando el trabajo como Dios lo diseñó.

CAPÍTULO 7

PREGUNTAS DE DISCUSIÓN PARA GRUPOS PEQUEÑOS

1. ¿Cómo ha impactado el estrés en tus sentimientos y experiencia en el trabajo?

2. ¿Te identificas con el concepto de cerebro víctima de *burnout*? ¿Alguna vez has lidiado con eso? ¿Cómo fue esa experiencia?

3. ¿Alguna vez tuviste que reparar el daño que causaste accidentalmente en relaciones interpersonales en el trabajo debido al estrés? ¿Cómo abordaste el problema?

4. ¿Qué tan importante crees que es un sentido de propósito en el trabajo? ¿Es posible tener un sentido de propósito incluso en un trabajo que no amas?

5. Con base en lo que sabes de Dios según la Escritura, ¿cómo crees que Dios quiere que sea nuestra experiencia laboral?

8

RECUPERA EL RUMBO DE TU VIDA

El *burnout* es una batalla, pero también es una oportunidad para ampliar tu perspectiva. De hecho, he llegado a creer que una temporada de *burnout* es a menudo el precio que las personas pagan por tener la oportunidad de desbloquearse en la vida. Con esto quiero decir que *algunos de nosotros probablemente no dejaríamos de ir a cien kilómetros por hora por el camino equivocado hasta que nos quedemos sin combustible.* Cuando nos quedamos sin combustible, esa parada forzada nos da la oportunidad de mirar a nuestro alrededor, ver dónde estamos, y decidir si queremos seguir manejando por el mismo camino. A veces, una crisis es una bendición disfrazada. En este capítulo hablaremos sobre cómo recuperar el *rumbo* de tu vida y asegurarte de que estás en el camino correcto.

Hay un par de razones por las que es importante aprovechar esta oportunidad para evaluar tu camino.

1. TU CAMINO DETERMINARÁ TU DESTINO

El próximo mes tomaré un avión a Nashville para asistir a una conferencia de consejería. Hoy en día viajo mucho en avión y estoy bastante acostumbrado a la rutina: el típico discurso de seguridad, las galletas del avión, las turbulencias, las demoras, las cancelaciones, la confusión en el aeropuerto... todo eso ya me resulta familiar. Pero supongamos que me subo a ese avión con destino a Nashville, y al aterrizar el piloto dice por el intercomunicador: "Hola, damas y caballeros, lamento decirles esto... esto es muy vergonzoso... sé que debíamos llegar al Aeropuerto Internacional de Nashville, pero de alguna manera acabamos en el Aeropuerto Internacional Dallas-Fort Worth, en Texas. Estamos tratando de entender cómo pasó esto; no sabemos cómo terminamos aquí". Eso sí sería una experiencia nueva. Por lo general, si aterrizas en un lugar diferente al que indica tu boleto, te dan muchas explicaciones: problemas meteorológicos o algún problema en el aeropuerto de destino. Pero "no sabemos por qué" sería una excusa interesante, y una que nunca he escuchado.

Si eso llegara a suceder, tengo la corazonada de que todos nosotros en el avión no tendríamos problemas para explicar al piloto lo que realmente sucedió. No es tan complicado. En algún punto, el avión se orientó hacia DFW. El avión terminó donde estaba apuntando. Es físicamente imposible que el avión siga un camino hacia Nashville y termine en Dallas. Lo más probable es que terminamos en Dallas porque los instrumentos de navegación del avión estaban configurados para ir a Dallas. Tu destino es el resultado de tu navegación. Es así de simple.

He estado sentado frente a muchas personas en mi trabajo como consejero que me han explicado dónde terminaron en la vida, solo para decirme que no tienen idea de cómo llegaron allí. Una de esas personas fue el hombre que mencioné en el capítulo 1. ¿Recuerdas al tipo con el que hablé en el avión? Como recordarás, estaba lidiando con todo tipo de decisiones relacionadas con el *burnout* que habían creado problemas en casi todas las áreas de su vida. Su conexión con sus hijos se estaba desmoronando. Su matrimonio estaba en problemas. Comenzaba a tener problemas en el trabajo, aunque el trabajo era casi lo único que tenía en ese momento de su vida. Realmente sentía que las paredes se estrechaban. Y recuerdo que dijo: "No sé cómo he llegado a este punto". No lo presioné mucho en ese momento porque realmente creo que estaba en medio de una crisis, y esta es una verdad difícil de aceptar; pero la verdad es que terminó allí porque ese era el destino hacia el que apuntaba su brújula interna.

En algún lugar profundo, su brújula estaba orientada hacia el éxito a toda costa y estaba llegando a su destino. Era exitoso, pero le había costado mucho más de lo que inicialmente habría imaginado. La buena noticia es que el rumbo, por definición, puede cambiarse. Así como un piloto puede tomar la decisión de cambiar de destino ajustando unos cuantos botones en la cabina y reorientando los sistemas de navegación para que sigan un nuevo camino, tú puedes hacer lo mismo con tu vida. Nunca es demasiado tarde.

2. CON EL TIEMPO, TU CAMINO SE CONVIERTE EN UNA GUÍA

En los últimos años me he aficionado a la carpintería. Para mí, es una de esas actividades relajantes de las que hablamos antes. Todavía soy nuevo en este oficio y estoy aprendiendo los conceptos básicos. Una de las cosas que realmente quería aprender era a cortar uniones de cola de milano a mano al hacer cajas de madera, cajones u otros muebles. Para cortar estas juntas, tienes que ser extremadamente preciso con tu sierra manual. Esa sierra debe cortar justo por la línea correcta, o la junta no encajará correctamente.

Cuando estaba aprendiendo a hacerlo, el instructor enfatizó mucho la importancia de los primeros cortes de la sierra. Dijo: "Esos primeros cortes crean la ranura, y la ranura guiará el corte". La ranura es el camino que la sierra crea al moverse a través de la madera. Lo que estaba diciendo es que, una vez que ese corte se establece, los lados de la ranura comienzan a guiar la sierra por el mismo camino.

Es igual que elegir un camino en la vida. En los primeros días de tu vida adulta, de tu vida familiar, de tu carrera, o de tu camino espiritual das pasos iniciales que comienzan a formar un camino. Luego, después de un tiempo, el camino comienza a tener vida propia y ejerce presión sobre tus futuras decisiones y pasos.

En este libro he usado muchas veces la metáfora de estar en piloto automático para describir lo que se siente al lidiar con el *burnout*. Pensando en otra imagen que lo represente, en muchas áreas de nuestra vida el *burnout* ocurre o empeora porque soportamos el estrés de la vida dejando que las huellas del camino nos digan cuál debería ser el siguiente paso. De esta forma, terminamos recorriendo un camino que, si fuéramos sinceros con nosotros mismos, podría no ser el mejor.

Por lo tanto, si estás lidiando con *burnout*, uno de los beneficios de la desaceleración forzada que estás experimentando puede ser la oportunidad de evaluar los caminos que estás recorriendo para asegurarte de que son los correctos. En este capítulo hablamos de la importancia de estar saludable en términos del *rumbo de tu vida*: elegir caminos saludables para ti. Y hablaremos de tus caminos en tres áreas clave: tus hábitos, tus prioridades y tu relación con Dios.

HÁBITOS

Pocas cosas influyen tanto en nuestras decisiones diarias como los hábitos. Nuestros hábitos tienen mucho que ver con cuándo nos despertamos en la mañana, qué desayunamos, cómo manejamos el trayecto al trabajo, cómo interactuamos con los compañeros de trabajo, cómo hacemos nuestro trabajo, cuándo terminamos nuestro día laboral, si llamamos a nuestro cónyuge de camino a casa, qué hacemos al llegar a casa, cuándo decidimos cenar, si cenamos con la familia, qué cenamos, qué hacemos en nuestro tiempo libre, qué hacemos para prepararnos para ir a la cama, y cuándo nos dormimos. Y esto es solo un resumen. Los hábitos influyen en lo que hacemos y en cómo hacemos las cosas en casi cada momento de nuestra vida. Eso no es algo malo. Es un poder que puede ser constructivo o destructivo. Tú eliges.

Las personas que usan el poder del hábito para bien se vuelven expertas en dos tareas importantes. Primero, aprenden a ser *conscientes* de sus hábitos y rutinas. Segundo, aprenden cómo *ajustar* sus hábitos para obtener mejores resultados. Entonces, ¿cómo haces tú esas dos cosas? Cuando empieces a registrar lo que haces sin pensar comenzarás a desarrollar consciencia de tus hábitos. Prueba esto: siéntate con un pedazo de papel y simplemente escribe las diferentes cosas que hiciste hoy sin pensar. Es probable que rápidamente tengas una lista muy larga. Después, tómate un tiempo para pensar si estás o no satisfecho con los resultados de esas rutinas automáticas.

Comienzo yo:

Esta mañana me desperté más tarde de lo que tenía planeado. Ese es un mal hábito mío que se consolidó durante la pandemia del COVID; para mí es fácil dormir más allá de la hora a la que pretendía levantarme. Y, en lugar de bañarme, afeitarme, ponerme un poco de buen perfume y vestirme bien, hice lo mínimo en higiene, me puse algo de ropa y salí para comenzar el día. Le dije a mi esposa cuáles eran mis planes para esta mañana y la besé al salir de la casa. En cierto modo, eso no fue algo que hice sin pensar. Sentí una verdadera conexión con Wendy al salir de casa. Ella ha estado orando mucho por mí últimamente, y le importa mucho mi escritura y mi trabajo. Definitivamente sentí su amor y ánimo. Eso no fue algo automático. Y, sin embargo, el hábito de decirnos hola y adiós es algo que hemos desarrollado a lo largo de los años. Es un buen hábito; uno con el que estoy muy contento. Me alegra que conectemos en esos momentos de llegada y salida.

Luego, en lugar de comer algo saludable para desayunar, me detuve en el restaurante de comida rápida donde he comprado el desayuno un millón de veces y pedí el mismo desayuno grasiento que he comido allí tantas veces antes. Después de eso, manejé hasta la biblioteca de la universidad donde he estado escribiendo la mayor parte de este libro durante las últimas semanas.

Al evaluar lo que hice esta mañana por hábito, definitivamente veo mucho margen de mejora. Hoy es un gran día. Espero terminar de escribir el libro que estás leyendo hoy. Podría haber hecho un trabajo mucho mejor para darle un gran comienzo este día. Podría haber tomado la decisión de despertarme a tiempo y haber vencido mi hábito de dormir de más. Podría haber tomado la decisión de dedicar el tiempo a hacer todas las cosas de higiene y arreglo personal que te hacen sentir increíble cuando sales de la casa. Y podría haber comido un desayuno saludable. Eso habría requerido *ajustar* mis hábitos, pero si hubiera hecho esos ajustes, imagina lo mucho mejor que podría haber ido el día de hoy.

Las personas más exitosas entienden que los hábitos son como recetas. Si tienes (y sigues correctamente) una gran receta, todas las galletas que hornees serán estupendas. Y es posible que termines horneando muchas galletas. Por otro lado, si tienes una receta pésima, todas las galletas que hornees serán pésimas.

Esta es una oportunidad en tu vida para abrir la caja de recetas y evaluar los hábitos que has normalizado a lo largo de los años. Es una gran oportunidad para preguntarte qué tan feliz estás con cómo están saliendo las galletas y decidir si es hora de hacer algunos cambios en la receta.

Y mientras evalúas tus hábitos, podría ser útil pensar también en tus hábitos espirituales. En épocas de estrés, los hábitos que hayas desarrollado en tu relación con Dios serán especialmente importantes.

Para muchos de nosotros, la historia de Daniel en el foso de los leones ha sido una de nuestras favoritas desde la infancia. Es realmente asombroso pensar que Dios envió un ángel para cerrar las bocas de los leones que de otro modo habrían destrozado a Daniel y se lo habrían comido. La moraleja de la historia es que Dios protegió a Daniel porque hizo lo correcto. Pero ¿qué fue lo correcto que hizo? Siguió orando a Dios aunque el rey de Persia (que era indirectamente el jefe de Daniel, por cierto) había decretado que nadie podía orar a nadie, humano o divino, excepto a él. Pero Daniel oró al verdadero Dios de todos modos, y por eso terminó en el foso de los leones; la devoción de Daniel por seguir a Dios y hacer lo correcto es la razón por la que Dios lo protegió en esa situación.

Pero no pases demasiado rápido por el versículo en el que la Biblia nos dice que Daniel oró cuando se le dijo que no lo hiciera:

> *Sin embargo, cuando Daniel oyó que se había firmado la ley, fue a su casa y se arrodilló* como de costumbre *en la habitación de la planta alta, con las ventanas abiertas que se orientaban hacia Jerusalén. Oraba tres veces al día,* tal como siempre lo había hecho, *dando gracias a su Dios.*
>
> Daniel 6:10, énfasis añadido

Las frases "como de costumbre" y "tal como siempre lo había hecho" están ahí para enfatizar que orar a Dios era, para Daniel, una cuestión de hábito bien establecido. Entonces, cuando las cosas se pusieron difíciles y estaba bajo presión para no hacer lo correcto, sus hábitos tenían tanto poder que ejercieron la misma presión y la contrarrestaron. Esa es la cuestión: en la vida habrá momentos en que la presión será fuerte, y lo que hagas en esos momentos será crucial para tu camino en la vida. Pero lo que hagas en esos momentos estará radicalmente influenciado por los hábitos que hayas establecido antes de que la presión aparezca.

Estas son las preguntas que te animaría a hacerte:

¿Soy consciente de los hábitos que influyen en mi día a día?

¿Estoy contento con los resultados de estos hábitos?

¿Qué buenos hábitos necesito celebrar y reforzar?

¿Qué malos hábitos necesito repensar y reemplazar?

¿Cómo haré esos cambios?

PRIORIDADES

Uno de los mensajes que he repetido a lo largo de este libro desde el primer capítulo es que eres una persona finita con recursos limitados. Es posible agotar tu tiempo, finanzas, energía, bienestar emocional y capital relacional. Y cada vez que tienes recursos limitados y demandas u oportunidades aparentemente ilimitadas para gastar, vale la pena empezar a presupuestar.

Hace años atrás, me senté frente a una pareja muy amable que estaba en crisis. A él lo llamaremos David, y a ella Sheila. Él era una de las personas con más *burnout* que he conocido. Mientras Sheila me explicaba todos los compromisos de David, su intenso *burnout* empezó a tener sentido. Era un hombre que decía sí a todo. Tenía un trabajo a comisión de tiempo completo sin un horario fijo. Cuando otros le pedían que cubriera sus turnos por una razón u otra, nunca decía no. David siempre decía sí. A menos que hiciera más ventas durante esos turnos extra, no ganaba más dinero, pero al menos todos los que sustituía lo amaban. Cuando su jefe necesitaba a alguien para organizar una fiesta de cumpleaños u otra celebración en el trabajo, David siempre parecía ser el elegido.

Como tenía algo de experiencia en construcción cuando era más joven, le pidieron que ayudara a reconstruir una parte de uno de los edificios de la escuela privada donde estudiaban sus hijos. También dijo sí a eso. Y no mucho después, le pidieron que se uniera a la junta de la asociación de propietarios de su vecindario. No puedo recordar cuántos más compromisos tenía el hombre, pero esos son los que recuerdo después de todos estos años. Una noche, el presidente de la asociación de propietarios llamó a David para decirle que la empresa de jardinería que habían contratado para cortar el césped en la entrada del vecindario había cancelado, y como David era el único miembro de la junta que tenía un cortacésped con asiento, esperaban que pudiera cortar el césped solo esta vez.

Sheila se dio la vuelta en la cama alrededor de las once de la noche y descubrió que David no estaba. Lo llamó al celular y descubrió que estaba tratando de cortar el césped a esa hora porque se dio cuenta de que no tenía otro momento para hacerlo. Sheila estaba molesta con él, y eso es comprensible. Su esposo estaba tan comprometido con todo que ya casi no tenían relación. Y lo extrañaba. Tal vez no se lo expresó de la mejor manera, pero sentía que después de todos los compromisos de David, no quedaba nada de él para ella.

La crisis de *burnout* de David sucedió aproximadamente a las once y cuarto, sentado en un cortacésped en la oscuridad, siendo devorado por los mosquitos, mirando al vacío y dándose cuenta de que, sin importar cuántas cosas hiciera y cuán buenas fueran sus intenciones, seguía decepcionando a la persona que más le importaba.

Cuando me reuní con David y Sheila, él estaba deprimido y desconectado, sintiendo que no podía cumplir con *ninguno* de sus compromisos, y mucho menos con todos ellos. En ese momento necesitaba más ayuda de la que yo podía ofrecer, así que lo remití a un terapeuta experimentado. Con el tiempo volvió a verme cuando estaba mejor, y hablamos de su necesidad de priorizar. Era parte de lo que necesitaba hacer para recuperar el rumbo de su vida.

Hicimos este ejercicio: tomé un papel y escribí "24 horas" en la parte superior. Luego le pregunté sobre sus diferentes compromisos y cuánto tiempo dedicaba a cada uno en un día promedio. Esto fue lo que salió:

Tiempo disponible	**24 horas**
Sueño/rutina matinal/aseo personal	8 horas
Trabajo y desplazamiento al trabajo	9 horas
Tareas necesarias (como cambiar el aceite o ir al supermercado)	2 horas
Cena y tiempo con los hijos	2 horas
Asociación de propietarios	1 hora
Ayuda con las tareas escolares de los hijos	1 hora
Ver televisión/internet/trabajo desde casa	3 horas
Hobby/tiempo libre	1 hora
	-3 horas

Cuando analizamos un día normal de Dave, vimos que tenía un exceso de compromisos de tres horas, ¡y eso sin contar la cantidad de cosas que ocurren cada día y que no incluimos aquí pero que igual consumen tiempo! La razón por la que el hombre terminó en mi oficina completamente agotado fue porque terminaba cada día en déficit. Por cierto, observemos que en esta gráfica no hay tiempo para Sheila. Tampoco hay tiempo intencional para Dios; e incluso con esos enormes vacíos, terminaba cada día con un saldo negativo. Con el tiempo, ese tipo de vida te pasa factura. David nunca olvidará la noche en la que le pasó a él mientras estaba sentado en ese cortacésped.

Priorizar tu vida es lo que haces cuando te das cuenta de que no puedes seguir normalizando un déficit diario. En algún momento debes hacer las paces con ese límite diario de veinticuatro horas. Y, aceptando el hecho de que probablemente siempre tendrás más demandas en tu vida que horas en el día, una de las cosas más poderosas que puedes hacer es decidir dónde quieres gastar lo mejor de tu tiempo y energía, dónde gastarás el resto de tu tiempo (las sobras), y dónde tendrás que decir no y alejarte.

En la iglesia donde trabajo tenemos una cultura informal de presupuesto de recursos que funciona de la siguiente manera: separamos las oportunidades en dos categorías: la categoría de "imprescindibles" y la categoría de "sería hermoso". Cualquier cosa que no encaje en ninguna de esas dos categorías es un "no". Creo que esta es una manera útil de desarrollar también tu propio presupuesto personal de tiempo y recursos.

Haz este ejercicio: toma una hoja de papel y dibuja una columna que etiquetes como "imprescindibles". Ahí, escribe las demandas y oportunidades de la vida en las que no estás dispuesto a ceder. Solo pon algo en esta columna si estás verdaderamente dispuesto a dejar que otras cosas caigan por el camino para no comprometer este área. No debería ser una lista muy larga; y debería haber nombres de personas en la lista. Si solo hay tareas en la lista de "imprescindibles", puede que necesites volver a leer el capítulo sobre recuperar tu vida relacional.

Entonces dibuja una columna etiquetada como "sería hermoso" y escribe todas las cosas que te gustaría hacer si tuvieras tiempo. Después, ordena ambas listas de lo más importante a lo menos importante. Ahora, con el objetivo de evaluar tu camino, pregúntate: *¿Qué necesitaría para presupuestar mis días para vivir según las prioridades que acabo de ordenar aquí?*

Podría requerir un cambio importante en tu vida. Pero en todos mis años de consejería, nunca nadie que viniera a verme se ha lamentado por el precio de poner a su familia en primer lugar, o de dejar ir un estilo de vida de demasiados compromisos a favor de un estilo de vida más enfocado en mantener lo principal en primer lugar. Mi intuición es que todos los esfuerzo que hagas por priorizar tu vida con sabiduría e intencionalidad te producirán enormes dividendos en el largo plazo.

RELACIÓN CON DIOS

Guardé la mejor guía de navegación para el final. Esto es lo que dice la Biblia sobre asegurarte de que estás en el camino correcto: *Confía en el Señor con todo tu corazón; no dependas de tu propio entendimiento. Busca su voluntad en todo lo que hagas,* y él te mostrará cuál camino tomar (Proverbios 3:5-6, NTV, énfasis añadido).

Es extraordinario pensar que el Dios omnisciente del universo esté dispuesto a mostrarnos qué camino debemos tomar en este mundo tan estresante; sin embargo, para aprovechar esa oferta debemos hacer tres cosas: confiar en Dios con todo nuestro corazón, no depender de nuestro propio entendimiento, y buscar su voluntad en todo lo que hagamos. Vamos a desglosarlo.

CONFÍA EN DIOS CON TODO TU CORAZÓN

Creo que Salomón quiere subrayar la idea de confiar en Dios con *todo nuestro corazón* porque para el ser humano es natural confiar en Dios solo con *parte de nuestro corazón*. A menudo, nuestros caminos en la vida se ven extraños porque nuestra lealtad está dividida entre el dinero, el éxito o la fama, y nuestra lealtad al Señor. Santiago tenía algo que decir acerca de este tipo de camino:

> *Cuando se la pidan, asegúrense de que su fe sea solamente en Dios, y no duden, porque una persona que duda tiene la lealtad dividida y es tan inestable como una ola del mar que el viento arrastra y empuja de un lado a otro. Esas personas*

> *no deberían esperar nada del Señor; su lealtad está dividida entre Dios y el mundo, y son inestables en todo lo que hacen.* Santiago 1:6-8

Santiago nos dice que una persona que quiere ser leal a Dios y a las cosas de este mundo al mismo tiempo tendrá un camino muy inestable e improductivo. El trato es este: Dios nos mostrará el camino correcto (usualmente un paso a la vez, ya que Dios no da mapas completos) si estamos dispuestos a depositar toda nuestra lealtad en Él. En el caso de muchos de nosotros, un camino de lealtad solo a Dios sería diferente al que estamos recorriendo. ¡Pero imagina lo sencilla que sería una vida con ese enfoque único!

NO DEPENDAS DE TU PROPIO ENTENDIMIENTO

Cuando estaba en la escuela secundaria, un ingeniero aeronáutico vino a hablar a nuestra clase de ciencias. Wichita, Kansas, es un lugar clave en la fabricación de aviones, y el hombre que vino a hablar con nosotros era un ingeniero de primera categoría de Boeing. Nos dio una charla sobre la importancia de la instrumentación en los grandes jets y nos mostró cuán poco confiables pueden ser nuestros sentidos cuando se trata del movimiento en vuelo.

Como yo no me mareo, me ofrecí voluntario para su pequeña demostración. Me senté en una silla que giraba, y debía decir cuándo giraba y en qué dirección mientras mantenía los ojos cerrados. En algunos momentos escuché a la clase reírse, y resultó que se reían porque yo estaba seguro de que estaba girando en una dirección u otra después de que la silla se había detenido. El ingeniero comenzó a hablar sobre cómo los pilotos pueden encontrarse en situaciones con poca visibilidad, donde su cuerpo les dice una cosa pero la realidad es algo completamente diferente. En esos casos, dijo él, la formación del piloto para confiar en sus instrumentos es crucial. En esos momentos tienes que tomar una decisión difícil. Tienes que decidir si confiar en los instrumentos o seguir tu intuición.

Creo que Salomón estaba tratando de decirnos que cuando intentas tomar decisiones difíciles en situaciones complejas, también tendrás que tomar esa misma decisión difícil. A menudo serás consciente de lo que Dios te dice que hagas y lo que sientes que debes hacer. A veces esas cosas coinciden y la decisión es fácil, pero muchas veces tus sentimientos te dirán que hagas algo diferente a lo que sabes que Dios querría que hicieras. En esos momentos tendrás que decidir si depender de tu intuición o de tu Dios. La clave está en recordar que tu intuición puede ser poco confiable. Pero si dependes de Dios, Él ha prometido mostrarte el camino correcto. Al igual que ese piloto en condiciones de visibilidad limitada, tienes que confiar en que hay algo que es más confiable que tus sentimientos. Una vez que aceptes eso, podrás volar en cualquier situación meteorológica.

BUSCA SU VOLUNTAD EN TODO LO QUE HAGAS

Tengo la bendición de haber tenido a los abuelos más maravillosos. Ahora están con el Señor, y espero verlos de nuevo algún día en el cielo. Por ahora tengo dulces recuerdos de la convivencia con ellos de niño. El padre de mi papá fue pastor en la misma iglesia en Fort Worth, Texas, por casi cincuenta años, y luego sirvió como pastor de cuidado en nuestra iglesia por más de diez años.

Una de las cosas que más recuerdo de mi abuelo era su deseo de orar por todo. Podía interrumpirte en medio de casi cualquier conversación sobre cualquier tema para orar contigo al respecto. Recuerdo un día en que estaba a punto de irme después de visitarlo y me preguntó a dónde iba después. Le dije que iba a comprar una corbata para usar en una boda que iba a oficiar. ¡Nunca olvidaré cómo me interrumpió a mitad de la frase para orar conmigo, pidiendo que encontrara la corbata adecuada *y que estuviera en oferta*! Por cierto, la encontré... y sí estaba en oferta. Mi abuelo creía que Dios quería estar involucrado incluso en los asuntos más pequeños y triviales de su vida. Se sentía agradecido por ello y quería pedirle dirección a Dios, incluso si se trataba de algo tan trivial como qué corbata comprar en la tienda.

Cuando examines tus caminos, es importante recordar que a Dios le importan incluso los aspectos pequeños y aparentemente insignificantes de tu vida. Hazle partícipe de esas decisiones. Podrías sorprenderte al ver cómo Dios llena de propósito y poder incluso los ámbitos más simples y rutinarios de tu vida. Una vez que comiences a pedirle guía a Dios en las pequeñas cosas, te preguntarás por qué no lo hiciste antes.

SIEMPRE PUEDES ABRIR UN NUEVO CAMINO

Lo más importante que debes recordar cuando hagas el arduo trabajo de recuperar el rumbo en tu vida es que siempre tienes el poder para corregir ese rumbo. Nunca creas la mentira de que no tiene sentido trazar un nuevo camino. La Biblia tiene una palabra especial para corregir el rumbo. Es *arrepentimiento*. Arrepentirse significa observar tu camino actual, darte cuenta de dónde no ha sido productivo ni agradable para Dios, y tomar la decisión de seguir un camino diferente. Y nunca es demasiado tarde para arrepentirse. Así como el padre corrió a abrazar al hijo pródigo cuando regresaba a su casa, Dios correrá a abrazarte si decides seguir un camino que lo honre a Él.

CAPÍTULO 8

PREGUNTAS DE DISCUSIÓN PARA GRUPOS PEQUEÑOS

1. ¿Alguna vez te has sentido perdido en la vida, como si no supieras realmente hacia dónde ibas o como si estuvieras yendo en la dirección equivocada? ¿Cómo lograste regresar al camino correcto?

2. Hablamos mucho sobre prioridades. ¿Cómo gestionas tus prioridades para asegurarte de que las cosas más importantes reciban lo mejor de ti?

3. Mencionamos que la mayoría de nosotros realmente no tenemos suficiente tiempo en la vida para hacerlo todo. ¿Cuáles son algunas actividades que consumen tu tiempo y que nunca sacrificarías? ¿Y cuáles son algunas que crees que deberías dejar de lado?

4. Hablamos de confiar en Dios con *todo* nuestro corazón y de que es importante hacerlo de manera intencional, porque es parte de la naturaleza humana confiar en Dios solo en *algunas* áreas. ¿Alguna vez has vivido una situación en la que sabías que estabas confiando solo en Dios para ayudarte a superar algo estresante? ¿Qué ocurrió en esa situación? ¿Qué aprendiste?

5. ¿Hay algún área de tu vida en la que sientas que estás estancado? ¿Qué haría falta para comenzar a abrir un camino nuevo en esa área?

9

UN BUEN PLAN DE ACCIÓN PARA HOY

Al principio de este libro conté la historia de un hombre que conocí en un avión y que estaba experimentando *burnout*. Y aunque recuerdo haber hablado con él sobre cómo su vida se veía afectada a nivel personal, emocional, relacional, espiritual, laboral y en su capacidad de tomar decisiones, no recuerdo qué le dije —si es que le dije algo— sobre qué debería hacer de inmediato para comenzar a hacer progreso en su batalla contra el *burnout*. Han pasado años desde aquella conversación, y en ese tiempo he estudiado mucho sobre el tema. Ahora me gustaría pensar que podría darle un buen consejo práctico sobre qué hacer en este mismo momento. El momento pasó y ya no puedo hacerlo por él; sin embargo, sí puedo hacerlo por ti.

1. VE AL MÉDICO

Es cierto, no es la primera vez que sugiero en este libro que consultes a tu médico, pero vale la pena mencionarlo de nuevo. Como establecimos en el capítulo 3, el *burnout* te afecta físicamente. Es importante que un profesional de la salud supervise tu bienestar físico. Te recomendaría que pidas una cita para hablar con tu médico sobre cualquier síntoma de *burnout* que hayas estado experimentando y que te haga un chequeo médico completo.

Asegúrate de mencionar si has notado cambios importantes en tu alimentación, peso, dolores recurrentes, calambres musculares o tensión, problemas para dormir o cualquier otro síntoma físico mencionado en el capítulo 3.

Ir al médico puede cumplir varias funciones importantes. Como mencioné antes, los síntomas físicos sin una causa diagnosticable pueden ser una característica bastante común del *burnout,* y con razón. Tiene sentido que si tu cuerpo está lidiando con cambios negativos e importantes como resultado del estrés, puedas ser muy consciente de que algo simplemente no está bien. Hacerte un examen médico y algunas pruebas básicas puede ayudar a tranquilizarte si te encuentras obsesionado con tu salud física. Por otro lado, si tienes alguna enfermedad o problema no diagnosticado que está agravando tu estrés y haciendo que tu lucha contra el *burnout* sea aún más difícil, es mejor saberlo. Así que consultar con tu médico es una buena idea, independientemente de si encuentran o no algún problema.

También es útil conversar con alguien que realmente sabe de lo que está hablando. La mayoría de los médicos que conozco están muy bien informados sobre los efectos del estrés en el cuerpo, así que tu médico probablemente sea una excelente fuente de información para determinar si los síntomas que has notado son una consecuencia normal del estrés o si tienen otra causa. Si tienes una buena relación con tu médico, eso es fantástico, pero asegúrate de aprovechar su conocimiento. Resiste la tentación de hablar sobre el clima o sobre quién crees que llegará a las instancias finales de tu deporte favorito. Usa ese tiempo de consulta para aprender de alguien que realmente sabe del tema. Tu médico puede ayudarte a entender cómo el estrés está afectando tu cuerpo.

Cuando hables con tu médico, prepárate para tomar notas y prométete a ti mismo que no dejarás que sus consejos entren por un oído y salgan por el otro. Si te sugiere hacer una dieta, esfuérzate por seguirla. Si te recomienda pasos para reducir tu presión arterial, haz de eso una prioridad. Y si te dice que debes reducir tu carga de trabajo porque el estrés te está afectando, resiste la tentación de asentir con la cabeza, sonreír, y luego olvidar lo que te dijo.

Las indicaciones médicas son indicaciones médicas. Sé que hoy en día no usamos mucho ese término, pero hace años la gente hablaba de las indicaciones del médico como si fueran algo sagrado. Lo hacían porque confiaban en que si un médico les decía que hicieran algo, era por su bien y debían hacer todo lo posible por hacerle caso. Siempre que tengas un buen médico (y la mayoría de nosotros lo tenemos), es muy sabio respetar sus indicaciones.

2. VE A CONSEJERÍA

Si nunca has visitado a un terapeuta o consejero antes, entiendo que la idea de pagar dinero para sentarte con un desconocido a hablar sobre desafíos personales y privados pueda resultarte incómoda. Pero déjame explicarte por qué creo que vale la pena hacerlo. Un terapeuta con licencia ha sido entrenado para escuchar tu experiencia, preocuparse por lo que estás pasando, ayudarte a procesarlo, y orientarte para decidir qué hacer a continuación y cómo quieres hacerlo.

Es cierto que la terapia puede ser costosa y un poco incómoda al principio. En eso te doy la razón. Pero en el largo plazo, contar con un profesional que te ayude a frenar el ritmo, procesar tus experiencias y encontrar claridad y paz vale la pena. La mayoría de nosotros ya buscamos consejo de algún tipo. Muchas veces usamos a nuestros amigos, nuestro cónyuge o nuestros compañeros de trabajo como terapeutas informales, pero eso supone una gran carga para alguien que no ha sido entrenado para esa labor. Ir a terapia puede ser un alivio para ti y para las personas en quienes sueles apoyarte. Quizás ellas también necesitan un descanso.

Tal vez estás leyendo estas palabras y pensando que eso de ir a terapia *definitivamente no es para ti*. A menudo, estos pensamientos surgen de la idea de que ir a terapia significa que una persona está quebrada o es débil. Y, en cierto sentido, tienes razón. Las personas que van a consejería están quebradas y son débiles. Pero también lo son las personas que no van.

La Biblia nos dice que todos estamos quebrados: tenemos una naturaleza pecaminosa. Y, sin duda, todos somos débiles en comparación con la fortaleza que quisiéramos tener. Pero Pablo nos recuerda en 2 Corintios 12:10 que, cuando reconocemos nuestra debilidad, tenemos la oportunidad de apoyarnos en la fuerza de Dios. Así que sí, ir a terapia puede enfrentarte a tu vulnerabilidad, pero también podría colocarte en el camino para vivir una vida más fuerte que nunca. Por eso creo que vale la pena intentarlo.

3. HABLA CON TU PASTOR

Sé que algunos lectores de este libro pueden no ser creyentes o no asistir a una iglesia, así que la idea de hablar con un pastor puede no parecerles relevante. Pero permíteme animarte a no descartar la idea sin más. Podrías sorprenderte de cuán útil puede ser. He aconsejado a muchas personas que no eran creyentes ni miembros de mi iglesia y que estaban experimentando *burnout*. Me gustaría pensar que pude ayudarlas, tanto en su proceso de recuperación como en sus necesidades espirituales.

Si tienes una iglesia, parroquia o sinagoga a la que asistes, te recomendaría que pidas una cita con tu pastor, sacerdote o rabino. Recuerda que aunque tu bienestar físico y emocional son importantes, eres más que tu cuerpo y tu mente. La parte más importante de ti es tu alma. Hablar con alguien que se preocupa principalmente por tu estado espiritual es una buena idea cuando el peso del estrés te abruma.

4. CONVIERTE TUS INTENCIONES EN PLANES DE ACCIÓN

Una de las cosas que he aprendido al tratar con personas que sufren *burnout* es que a menudo ya saben qué cosas deberían estar haciendo. Saben que deberían cuidar su cuerpo, así que han estado pensando en ir al gimnasio. Tienen una membresía, por supuesto, pero llevan mucho tiempo sin ir. Han querido mejorar su alimentación, pero les cuesta con su ritmo de vida. Saben que deberían delegar tareas en el trabajo, pero a veces es más fácil hacerlo todo por su cuenta. Saben que deberían priorizar su familia y sus amistades, pero han estado tan ocupados que no han podido.

Estoy trabajando en esto personalmente, y es algo que no he dominado por completo. Soy muy bueno haciendo planes sobre lo que necesito hacer para enfrentar los desafíos de la vida, pero no necesariamente soy bueno siguiendo esos planes. Sin embargo, he aprendido esto: la única manera de convertir buenas intenciones en realidades es elaborar un plan de acción sólido.

Pregúntate qué tendría que pasar para que este cambio en tu vida se convierta en una parte sostenible y firme de tu estilo de vida. ¿Qué tendrías que quitar de tu calendario? ¿Cómo tendría que cambiar tu manera de pensar? ¿Qué distracciones amenazarían con deshacer tu progreso? Algo como la siguiente hoja de trabajo, en la que utilizamos las siglas CHANGE ("cambio" en inglés) puede ser útil.

C—el CAMBIO que quiero hacer es:

H—así es como creo que puedo HACER que este cambio forme parte de mi estilo de vida:

A—la ACTITUD que necesito para mantenerme firme es:

N—las influencias o pensamientos NEGATIVOS que debo evitar son:

G—el GRAN objetivo que este cambio me ayudará a lograr es:

E—esto es lo que me ayudará a mantenerme ENFOCADO cuando quiera rendirme (también puede ser una persona):

---

5. REDUCIR Y REFINAR

Este es un concepto que he usado por varios años con las personas a las que he aconsejado. Lo llamamos *reducir lo innecesario* y *refinar lo torpe*. La idea detrás de esto es que hay muchos factores de estrés en nuestra vida diaria que podríamos simplemente eliminar. Algunos son abstractos, como preocuparse por lo que piensa un compañero de trabajo o por si tienes éxito o no. Otros son mucho más concretos. Por ejemplo, a veces reducir lo innecesario significa decir no a oportunidades opcionales que implican más trabajo o estrés. No importa lo mucho que quieras aceptar ese trabajo extra, si resulta ser la gota que colma el vaso, no vale la pena. Reducir tu carga de estrés es uno de los primeros pasos que debes tomar si estás atrapado en el *burnout* y quieres encontrar la salida.

Refinar lo torpe significa analizar las cosas que debes hacer y asegurarte de que las estás haciendo de la manera más eficaz y rápida posible. Tal vez una de tus tareas laborales podría hacerse mucho más rápido con un *software* diferente, o quizás haya una mejor manera de delegar tareas en tu equipo. Ajustar el modo en que haces lo que debes hacer es una gran manera de reducir lo que parece ser un estrés inevitable.

6. REVISA TU PROPÓSITO

Si pasas tiempo con alguien que está atravesando una etapa oscura de *burnout*, una de las cosas que notarás es que tiene una visión fatalista de la vida. Tiende a verse a sí mismo como un hámster en una rueda, pasando por la rutina e intentando ser funcional a la vez que concluye que realmente nada tiene sentido. Se siente así porque el *burnout* nos roba nuestro sentido de propósito.

Le pasó al rey Salomón. Salomón fue el tercer rey de Israel y una persona muy sabia. Y durante un tiempo fue alguien muy productivo y motivado. Si lees el libro de Proverbios, verás cuán idealista y motivado era el joven Salomón; pero cuando llegas al libro de Eclesiastés, el Salomón agotado insiste en que la vida no tiene sentido. Pasa la mayor parte del libro quejándose de lo injusta que es la vida y reiterando que no tiene caso seguir intentándolo.

Creo que Dios nos permitió ver ese libro de los pensamientos de Salomón para que tuviéramos una imagen clara de cómo se ve realmente el *burnout*. A pesar de lo mucho que Salomón había acumulado, los logros que tenía en su currículum y lo inteligente que se había vuelto, seguía sintiéndose insensible, agotado y buscando algo que no podía encontrar, diciendo: *Aunque lo he investigado una y otra vez, veo que aún no encuentro lo que buscaba* (Eclesiastés 7:28).

Algunas traducciones dicen que Salomón decía que su *alma* había buscado repetidamente algo, pero no lo había encontrado. Personalmente, creo que Salomón estaba lidiando con la pérdida de propósito. A pesar de todas sus riquezas, todas sus mujeres y toda su sabiduría, seguía sin estar seguro de qué debía lograr en este mundo. Así que levantó las manos en señal de rendición y concluyó que nada tiene sentido.

En este último consejo que quiero compartir en este libro, te animo a que levantes las manos en rendición; sí, pero no en rendición derrotista como Salomón. Hay una rendición mejor.

Hace años atrás vivía en Oklahoma, y nuestro centro comercial local tenía un área de juegos para niños pequeños. Un día, mientras pasaba por allí, me fijé en un niño que claramente quería entrar a jugar. Lo observé mientras miraba los toboganes y los juegos con anhelo, deseando poder divertirse con los otros niños. Desgraciadamente para él, sus padres estaban conversando con otros adultos y no lo estaban ayudando a entrar por la puerta de seguridad para niños. Lo vi intentar trepar por su cuenta y no poder hacerlo. Lo vi tratar de descifrar el mecanismo de la puerta, un sistema claramente fuera de su alcance. Luego lo vi finalmente regresar con sus padres. Levantó los brazos, pero no en señal de derrota. Los levantó en señal de confianza. El niño confiaba en que, al levantar sus brazos, su padre lo tomaría, lo levantaría por encima de la barrera y lo ayudaría a llegar a donde necesitaba estar.

Te animo a que levantes tus brazos hacia tu Padre celestial en señal de rendición y confianza, sabiendo que Él ve las barreras que te han causado tanto estrés y agotamiento. Él se interesa por tu dolor y frustración; y puede levantarte y colocarte donde necesitas estar. Oro para que Él haga eso por ti.

AGRADECIMIENTOS

Comencé a pensar en escribir este libro hace trece años atrás, y **mi esposa, Wendy,** fue la primera persona a quien se lo conté. A lo largo de esos trece años ha sido mi apoyo constante mientras realizaba una gran cantidad de investigaciones, completaba dos títulos de posgrado y comenzaba a estudiar el *burnout* desde una perspectiva académica. Estuvo a mi lado para animarme cuando los editores rechazaron la idea del libro, y estuvo ahí para celebrar conmigo años después cuando Bethany House se comprometió a hacer de este libro una realidad. Siempre ha creído en mí, y sin ella, este libro nunca se habría escrito. Es mi persona favorita. Estoy profundamente agradecido por ella.

Mis hijas, Cheyenne y Summer, son una fuente constante de alegría, y me aman lo suficiente como para escuchar mis divagaciones sobre el *burnout* y el estrés crónico. Eso es mucho amor. He aprendido mucho de ellas, y espero que este libro sea una bendición para su generación.

Este libro está dedicado a **mi papá, Mark Hoover.** Junto con **mi mamá, Mary Alice,** él apoyó este proyecto desde el primer día, y su transparencia sobre su propia experiencia me ayudó a comprender el *burnout* a un nivel profundo.

Tengo la bendición de servir a **la familia de la iglesia NewSpring** como pastor asociado. En los trece años que he desempeñado este rol, he recibido un amor y apoyo extraordinarios de este increíble grupo de personas. En cada etapa de este proyecto me acompañaron sus oraciones y ánimo, y sentí la energía de su respaldo en todo momento.

En la **Universidad Regent** trabajo como profesor asistente y director del programa de maestría en psicología general. Me siento muy orgulloso de formar parte de una institución que defiende la excelencia académica y mantiene una lealtad inquebrantable a Cristo. Mientras completaba este libro, nuestro fundador y rector, el Dr. M. G. (Pat) Robertson, partió para estar con el Señor. Quiero honrar al Dr. Robertson por sus años de dedicación a nuestra excelente universidad.

El **Dr. Les Parrott** ha sido un amigo y mentor maravilloso durante la última década. Su orientación en los primeros días de desarrollo de la idea para el libro fue invaluable. Me siento muy bendecido de que haya estado dispuesto a escribir el prólogo. Les me ha ayudado a crecer como escritor y conferencista, y siempre estaré en deuda con él.

La **Dra. Anna Ord** es mi fuente de referencia para todo lo relacionado con la neuropsicología. Además de eso, es la decana de mi departamento en la Universidad Regent. He sido grandemente bendecido por su liderazgo y su contribución a este proyecto.

El **Dr. Jed Holmes (ya retirado)** es el médico más talentoso que he conocido. Tengo la fortuna de que viva en Kansas y de haber podido conversar con él sobre el capítulo titulado "Recupera tu vida física". Jed revisó el capítulo y me ofreció su valiosa perspectiva. Estoy muy agradecido por su ayuda con este libro.

Janet Kobobel Grant es mi agente literaria. Le presenté una versión de este libro en 2015, así que ha sido un camino largo. Aprecio la dedicación de Janet para encontrar el hogar adecuado para este proyecto y su constante apoyo durante todo el proceso.

Me siento honrado y asombrado por el entusiasmo que **todo el equipo de Bethany House Publishers** ha mostrado por este proyecto. Me han alentado al compartir la visión de este libro y perseguirla con excelencia y compromiso. Quiero agradecer especialmente a mi editor, Andy McGuire, quien me ha ayudado a superar los desafíos de ser un autor novel.

Por último, es fundamental decir que cualquier cosa buena que surja de este libro debe ser atribuida a **Jesucristo**. Dios es la fuente de la transformación personal, y toda la gloria por este proyecto le pertenece a Él.

TABLA PERSON

Fecha de hoy ____________________

Si realmente queremos comprender nuestro nivel de éxito en la vida, debemos considerar todas las áreas diferentes que son importantes para nosotros. El objetivo de este cuadro es ofrecer una visión amplia de cómo te sientes en las principales dimensiones de tu experiencia vital diaria.

En unas pocas frases, describe cómo ha sido tu día. Asegúrate de incluir los principales factores de estrés o eventos que te han agotado, así como los momentos de relajación o actividades que te han dado energía.

____

____

____

____

____

____

Ahora, califica cada una de las siguientes áreas de tu vida en una escala del 1 al 10. Así es como debes hacerlo: puntúa el ítem con un 10 si te sentiste todo lo bien que creas que una persona puede sentirse en esa categoría. Puntúa con un 1 si te sentiste todo lo mal que creas que una persona puede sentirse. Puntúa con un 5 si te sentiste completamente neutral en esa categoría durante el día (es decir, no te sentiste bien, pero tampoco mal).

P	E	R	S	O	N
PHYSICAL	EMOTIONAL	RELATIONAL	SPIRITUAL	OCCUPATIONAL	NAVIGATIONAL
FÍSICA	**EMOCIONAL**	**RELACIONAL**	**ESPIRITUAL**	**LABORAL**	**DIRECCIONAL**
Salud	**Bienestar**	**Conexión**	**Trascendencia**	**Rendimiento**	**Contentamiento**

Trascendencia espiritual = Nivel de cercanía con Dios y grado en que mi fe me ayuda a encontrar significado en mis luchas diarias.

Contentamiento direccional = Nivel de confianza en que estoy avanzando en la dirección correcta en mi vida, que tengo cierto control sobre los resultados de mis esfuerzos y que tendré éxito en el futuro.

© 2015 por Jonathan Hoover. Este cuadro puede copiarse para uso personal, pero no puede ser modificado ni vendido sin el permiso expreso del autor.

NOTAS

PRÓLOGO POR LES PARROTT

1. "Burn-out an 'occupational phenomenon': International Classification of Diseases", Organización Mundial de la Salud, 28 de mayo de 2019, https://www.who.int/news/item/28-05-2019-burn-out-an-occupational-phenomenon-international-classification-of-diseases.

2. "Addressing Employee Burnout: Are You Solving the Right Problem?", McKinsey Health Institute, 27 de mayo de 2022, https://www.mckinsey.com/mhi/our-insights/addressing-employee-burnout-are-you-solving-the-right-problem.

3. Ashley Abramson, "Burnout and Stress Are Everywhere", 1 de enero de 2022, American Psychological Association, *Monitor on Psychology* 53, no. 1 (enero 2022), https://www.apa.org/monitor/2022/01/special-burnout-stress.

CAPÍTULO 1: ¿NIETZSCHE O RICITOS DE ORO?

1. Amy F. T. Arnsten, "Stress Signalling Pathways that Impair Prefrontal Cortex Structure and Function", *Nature Reviews Neuroscience* 10, no. 6 (2009): pp. 414-416, https://doi.org/10.1038/nrn2648 and Simon L. Dolan, *De-Stress at Work: Understanding and Combatting Chronic Stress*, 1.ª ed., vol. 1. (United Kingdom: Routledge, 2023), pp. 87-88.

2. William R. Lovallo, *Stress and Health: Biological and Psychological Interactions*, 3.ª ed. (Los Ángeles: SAGE Publications, Inc, 2016), capítulos 3–7.

3. Annemiek J. Roete, Marije Elferink-Gemser, Ruby T. A. Otter, Inge K. Stoter, y Robert P. Lamberts, "A Systematic Review on Markers of Functional Overreaching in Endurance Athletes", *International Journal of Sports Physiology and Performance* 16, no. 8 (2021), pp. 1065-1073.

4. Luana C. Main y Grant J. Landers, "Overtraining Or Burnout: A Training and Psycho-Behavioural Case Study", *International Journal of Sports Science & Coaching* 7, no. 1 (2012), pp. 24-25; Romain Meeusen, "The Overtraining Syndrome: Diagnosis and Management", en *The Olympic Textbook of Medicine in Sport* (Oxford, UK: Wiley-Blackwell, 2008), pp. 138-59, [todo este capítulo es un buen recurso para explicar el exceso de entrenamiento] y Lovallo, *Stress and Health*, p. 71.

CAPÍTULO 2: SUPERRATAS

1. Hans Selye, *The Stress of Life*, 2nd ed. (Nueva York: McGraw-Hill, 1978), pp. 112-13 y Dolan, *De-Stress at Work*, p. 31.

2. Hans Selye, "A Syndrome Produced by Diverse Nocuous Agents", *Nature* (Londres) 138, no. 3479 (1936): pp. 32-32, https://doi.org/10.1038/138032a0.

3. Selye, *The Stress of Life*, pp. 112-13. Por fortuna, con el tiempo, el campo de la investigación de la ciencia social ha desarrollado una comprensión mucho mejor de la ética en la investigación con animales. Aunque menciono este experimento debido a que los hallazgos tienen valor, soy consciente y sensible a las implicaciones éticas de esta clase de investigación psicológica de la vieja escuela con animales.

4. Selye, *The Stress of Life* [este libro habla casi por completo sobre el proceso de alarma- adaptación-agotamiento] y Lovallo, *Stress and Health*, pp. 35-36 [síndrome general de adaptación, alarma, agotamiento].

5. Christina Maslach, "Burned-out", *Human Behavior* 5, no. 9 (1976), pp. 16-22.

6. Chloé Meredith, Wilmar Schaufeli, Charlotte Struyve, Machteld Vandecandelaere, Sarah Gielen, y Eva Kyndt, "'Burnout Contagion' among Teachers: A Social Network Approach", *Journal of Occupational and Organizational Psychology* 93, no. 2 (2020), pp. 328-52, https://doi.org/10.1111/joop.12296.

7. Christina Maslach, W. B. Schaufeli, y M. P. Leiter, "Job Burnout", *Annual Review of Psychology* 52, (2001), p. 402, https://doi.org/10.1146/annurev.psych.52.1.397.

8. Robert S. Stawski, David M. Almeida, Margie E. Lachman, Patricia A. Tun, y Christopher B. Rosnick, "Fluid Cognitive Ability Is Associated with Greater Exposure and Smaller Emotional Reactions to Daily Stressors", *Psychology and Aging* 25, no. 2 (2010), pp. 330-42, https://doi.org/10.1037/a0018246 y Paula G. Williams, Yana Suchy, y Holly K. Rau, "Individual Differences in Executive Functioning: Implications for Stress Regulation", *Annals of Behavioral Medicine* 37, no. 2 (2009), pp. 126-40, https://doi.org/10.1007/s12160-009 -9100-0.

9. Daniel Maroti, Peter Molander, e Indre Bileviciute-Ljungar, "Differences in Alexithymia and Emotional Awareness in Exhaustion Syndrome and Chronic Fatigue Syndrome", *Scandinavian Journal of Psychology* 58, no. 1 (febrero 2017), pp. 52-61, doi:10.1111/sjop.12332.

10. Monika H. Donker, Marja C. Erisman, Tamara van Gog, y Tim Mainhard, "Teachers' Emotional Exhaustion: Associations With Their Typical Use of and Implicit Attitudes Toward Emotion Regulation Strategies", *Frontiers in Psychology* 11 (2020): p. 867, https://doi.org/10.3389/fpsyg.2020.00867 y Christian Grillon, David Quispe-Escudero, Ambika Mathur, y Monique Ernst, "Mental Fatigue Impairs Emotion Regulation". *Emotion* 15, no. 3 (2015), pp. 383-89, doi:10.1037/emo0000058.

11. Maslach, Schaufeli, y Leiter, "Job Burnout", p. 399.

12. Maslach, Schaufeli, y Leiter, "Job Burnout", p. 399.

13. Emer Ryan, Kevin Hore, Jessica Power, y Tracy Jackson, "The Relationship between Physician Burnout and Depression, Anxiety, Suicidality and Substance Abuse: A Mixed Methods Systematic Review", *Frontiers in Public Health* 11 (2023), 1133484, https://doi.org/10.3389/fpubh.2023.1133484.

CAPÍTULO 3: RECUPERA TU VIDA FÍSICA

1. "Edsel Ford Dies in Detroit at 49", *New York Times*, 26 de mayo de 1943.

2. "Ford Raises Pay of 28,000", *New York Times*, 2 de enero de 1919.

3. Richard Bak, *Henry and Edsel: The Creation of the Ford Empire* (Hoboken, NJ: Wiley, 2003). Este es un recurso excelente sobre la historia de la relación desafiante y a menudo tensa entre Edsel y Henry Ford.

4. Steven Watts, *The People's Tycoon: Henry Ford and the American Century*, 1st ed. (Nueva York: Alfred A. Knopf, 2005), p. 360.

5. Watts, *The People's Tycoon*, capítulo 18.

6. Bak, *Henry and Edsel*, pp. 228-29.

7. Watts, *The People's Tycoon*.

8. Bak, *Henry and Edsel*, p. 258.

9. Paul Bennett, "Gastric and Duodenal Ulcers", en *Cambridge Handbook of Psychology, Health and Medicine*, ed. Susan Ayers, Andrew Baum, Chris McManus, et al., 2nd ed. (Cambridge: Cambridge University Press, 2007); Jerrold S. Greenberg, *Comprehensive Stress Management*, 14.ª ed. (Nueva York: McGraw Hill, 2017), p. 53; Susan Levenstein, "The Very Model of a Modern Etiology: A Biopsychosocial View of Peptic Ulcer", *Psychosomatic Medicine* 62, no. 2 (2000), pp. 176-85, https://doi.org/10.1097/00006842-200003000-00003; y Yoichi Chida, Mark Hamer, Jane Wardle, y Andrew Steptoe, "Do Stress-Related Psychosocial Factors Contribute to Cancer Incidence and Survival?", *Nature Clinical Practice Oncology* 5, 8 (2008), pp. 466-75, doi: https://doi.org/10.1038 / ncponc1134.

10. Hanumanthappa Pradeep, Joseph B. Diya, Shivaiah Shashikumar, y Golgodu K. Rajanikant, "Oxidative Stress—Assassin behind the Ischemic Stroke", *Folia Neuropathologica* 50, no. 3 (2012), pp. 219-30, https://doi.org/10.5114 / fn.2012.30522.

11. Ronald Glaser, Janice K. Kiecolt-Glaser, *Handbook of Human Stress and Immunity*, (Amsterdam: Elsevier Science, 2014). Este es un texto considerable y significativo, y es el mejor punto de inicio para cualquiera que quiera profundizar en la investigación sobre el estrés y la función del Sistema inmunitario.

12. Nicolas Rohleder, "Chronic Stress and Disease", en *Insights to Neuroimmune Biology* (Amsterdam: Elsevier Inc, 2016), pp. 207-08.

13. Selye, *The Stress of Life*, p. 36.

14. Lovallo, *Stress and Health*. La explicación más completa y clara de la respuesta al estrés que he visto está en el excelente texto del Dr. Lovallo.

15. J. Wardle y E. L. Gibson, "Diet and Stress: Interactions with Emotions and Behavior", en *Stress: Concepts, Cognition, Emotion, and Behavior* (Amsterdam: Elsevier Inc, 2016), pp. 435-43.

16. Wardle and Gibson, "Diet and Stress", p. 439-40.

17. Wardle and Gibson, "Diet and Stress", p. 440.

18. Michael D. Wirth, Nitin Shivappa, James B. Burch, Thomas G. Hurley, y James R. Hébert, "The Dietary Inflammatory Index, Shift Work, and Depression: Results from NHANES", *Health Psychology* 36, no. 8 (2017), pp. 760-69. doi:10.1037/hea0000514.

19. Catherine Itsiopoulos, Hannah L. Mayr, y Colleen J. Thomas, "The Anti-Inflammatory Effects of a Mediterranean Diet: A Review", *Current Opinion in Clinical Nutrition and Metabolic Care*, 25, no. 6 (2022), pp. 415-22. https://doi.org/10.1097/MCO.0000000000000872.

20. Achim Elfering, Maria U. Kottwitz, Özgür Tamcan, Urs Müller, y Anne F. Mannion, "Impaired Sleep Predicts Onset of Low Back Pain and Burnout Symptoms: Evidence from a Three-Wave Study", *Psychology, Health & Medicine* 23, no. 10 (2018), pp. 1196-1210 y Amanda Ritsma y Lauren Forrest, "Causes of Chronic Stress and Impact on Physician Health", en *Humanism and Resilience in Residency Training* (Cham, Switzerland: Springer, 2020), p. 257.

21. Lovallo, Stress and Health, p. 76.

22. Anand Thirupathi, Meizi Wang, Ji Kai Lin, Gusztáv Fekete, Bíró István, Julien S. Baker, y Yaodong Gu, "Effect of Different Exercise Modalities on Oxidative Stress: A Systematic Review", *BioMed Research International* (2021), 1947928–10. https://doi.org/10.1155/2021/1947928.

23. Yael Netz, "Is the Comparison between Exercise and Pharmacologic Treatment of Depression in the Clinical Practice Guideline of the American College of Physicians Evidence-Based?", *Frontiers in Pharmacology* 8, (2017), p. 257.

CAPÍTULO 4: RECUPERA TU VIDA EMOCIONAL

1. Peter Rader, *Mike Wallace: A Life* (Nueva York: Thomas Dunne Books, 2012), p. 207.

2. Adam Bernstein, "Mike Wallace Dies; Veteran Journalist and Former '60 Minutes' Correspondent was 93". *The Washington Post*, 8 de abril de 2012, consultado en línea 28 de febrero de 2024, https://www.washingtonpost.com/local/obituaries/mike-wallace-dies-veteran-journalist-and-former-60-minutes-interviewer-was-93/2012 /04/08/gIQAwzIu3S_story.html.

3. Rader, *Mike Wallace: A Life*, capítulos 21 y 22.

4. Mike Wallace, "Guideposts Classics: Mike Wallace on Coping with Depression", consultado en línea 28 de febrero de 2024, https://guideposts.org/positive-living /health-and-wellness/coping-with-illness/guideposts-classics-mike-wallace-on-coping-with-depression/.

5. Mike Wallace, Mary Wallace, y Eric Kandel, interview by Jeffrey Borenstein, "Healthy Minds—Depression Featuring a Conversation with Mike Wallace", *Healthy Minds with Dr. Jeffrey Borenstein*, 24 de noviembre de 2008, Brain-line.org, consultado en línea 30 de agosto de 2023, https://www.brainline.org/sites/default /files/video/transcript/healthy_minds_depression.pdf, 2.

6. Rader, *Mike Wallace: A Life*, pp. 207, 227.

7. Wallace, "Guideposts Classics: Mike Wallace on Coping with Depression". Notemos en este artículo de *Guideposts* que Mike Wallace mismo decide citar un dicho oficial de la CBS de que fue admitido en el hospital "sufriendo agotamiento" en lugar de caracterizar el episodio como un intento de suicidio, lo cual haría más adelante en la vida, como se ve en la entrevista con Jeffrey Borenstein, "Healthy Minds—Depression Featuring a Conversation with Mike Wallace".

8. David Balayssac, Bruno Pereira, Julie Virot, Aurore Collin, David Alapini, Damien Cuny, Jean-Marc Gagnaire, Nicolas Authier, y Brigitte Vennat, "Burnout, Associated Comorbidities and Coping Strategies in French Community Pharmacies—BOP Study: A Nationwide Cross-Sectional Study". *PloS One* 12, no. 8 (2017), e0182956–e0182956, https://doi.org/10.1371/journal.pone.0182956 y Dela M. van Dijk, Willem van Rhenen, Jaap M. J. Murre, y Esmée Verwijk, "Cognitive Functioning, Sleep Quality, and Work Performance in Non-Clinical Burnout: The Role of Working Memory", *PloS One* 15, no. 4 (2020): e0231906–e0231906, https://doi.org/10.1371/journal.pone.0231906.

9. Neal Gabler, *Walt Disney* (New York: Knopf Doubleday Publishing Group, 2006), p. 164.

10. F. S. Fitzgerald, *The Crack-Up* (London: Alma Books, 2018).

11. "Chaplin Says Wife Can't Realize Suit", *New York Times*, 23 de enero de 1927, consultado en línea 30 de agosto de 2023, https://timesmachine.nytimes.com/timesmachine /1927/01/23/97135811.html?pageNumber=12.

12. Belmiro Freitas de Salles, Roberto Simão, Fabrício Miranda, Jefferson da Silva Novaes, Adriana Lemos, y Jeffrey M. Willardson, "Rest Interval between Sets in Strength Training", *Sports Medicine (Auckland)* 39, no. 9 (2009), pp. 765-77, https://doi.org/10.2165/11315230-000000000-00000.

13. Freitas de Salles et al., "Rest Interval between Sets in Strength Training", pp. 765-77.

14. M. S. Hallbeck, B. R. Lowndes, J. Bingener, A. M. Abdelrahman, D. Yu, A. Bartley, y A. E. Park, "The Impact of Intraoperative Microbreaks with Exercises on Surgeons: A Multi-Center Cohort Study", *Applied Ergonomics* 60, (1 de abril de 2017), pp. 334-41, https://dx.doi.org/10.1016/j.apergo.2016.12.006.

15. Jerrold S. Greenberg, *Comprehensive Stress Management*, 14th ed. (Nueva York: McGraw Hill, 2017), parte 3.

16. Lovallo, *Stress and Health*, capítulo 3.

17. Kenneth S. Wuest, *Wuest's Word Studies from the Greek New Testament for the English Reader*, vol. 1. (Grand Rapids, MI: Eerdmans, 1997), p. 132.

CAPÍTULO 5: RECUPERA TU VIDA RELACIONAL

1. Mia Pihlaja, Jari Peräkylä, Emma-Helka Erkkilä, Emilia Tapio, Maiju Vertanen, y Kaisa M. Hartikainen, "Altered Neural Processes Underlying Executive Function in Occupational Burnout—Basis for a Novel EEG Biomarker", *Frontiers in Human Neuroscience* 17 (2023): 1194714–1194714, https://doi.org/10.3389/fnhum.2023.1194714.

2. Maslach, Schaufeli, y Leiter, "Job Burnout", p. 399.

3. Jonathan Hoover, "Can Christians Practice Mindfulness without Compromising Their Values?", *Journal of Psychology and Christianity* 37, no. 3 (2018), pp. 247-55.

4. Stevan E. Hobfoll y John Freedy, "Conservation of Resources: A General Stress Theory Applied to Burnout", en *Professional Burnout*, ed. Wilmar B. Schaufeli, Christina Maslach, y Tadeusz Marek (Nueva York: Routledge, 2018), pp. 115-129.

5. W. E. Vine, Merrill F. Unger, y William White Jr., *Vine's Complete Expository Dictionary of Old and New Testament Words*, vol. 2. (Nashville: Thomas Nelson, 1996).

6. Archibald Thomas Robertson, *Word Pictures in the New Testament* (Nashville: Broadman Press, 1933) y Horst Robert Balz y Gerhard Schneider, eds. *Exegetical Dictionary of the New Testament*, vol. 2. (Grand Rapids, MI: Eerdmans. 1990).

CAPÍTULO 6: RECUPERA TU VIDA ESPIRITUAL

1. No estoy sugiriendo que emplear malas palabras sea un indicador de no ser un hijo de Dios; mi punto es que mi papá modelaba una autodisciplina espiritual ejemplar cuando yo era pequeño.

2. John F. MacArthur Jr., *MacArthur New Testament Commentary: John 1–11* (Chicago: Moody Press, 2006).

3. MacArthur, *MacArthur New Testament Commentary: John 1–11*.

4. Etienne Koechlin, "Prefrontal Executive Function and Adaptive Behavior in Complex Environments", *Current Opinion in Neurobiology* 37 (2016), pp. 1-6, https://doi.org/10.1016/j.conb.2015.11.004.

5. Robert G. Bratcher y William D. Reyburn, *A Translator's Handbook on the Book of Psalms* (Nueva York: United Bible Societies, 1991), p. 740.

6. Walter A. Elwell y Philip W. Comfort, eds., *Tyndale Bible Dictionary* (Wheaton, IL: Tyndale House Publishers, 2001), p. 140.

7. Allen C. Myers, ed., *The Eerdmans Bible Dictionary* (Grand Rapids, MI: Eerdmans, 1987).

CAPÍTULO 7: RECUPERA TU VIDA LABORAL

1. Hanna M. Gavelin, Magdalena E. Domellöf, Elisabeth Åström, Andreas Nelson, Nathalie H. Launder, Anna Stigsdotter Neely, y Amit Lampit, "Cognitive Function in Clinical Burnout: A Systematic Review and Meta-Analysis", *Work & Stress* 36, no. 1 (enero 2022), pp. 86-104. doi:10.1080/02678373.2021.20 02972.

2. Dimitri Van Der Linden, Ger P.J. Keijsers, Paul Eling, y Rachel Van Schaijk, "Work Stress and Attentional Difficulties: An Initial Study on Burn-out and Cognitive Failures", *Work and Stress* 19, no. 1 (2005), pp. 23-36, https:// doi.org/10.1080/02678370500065275. Esta fuente explica cómo los "lapsus" de atención son más comunes con el *burnout* y da una potencial explicación.

3. Esto ocurre debido a una reacción en cadena; como veremos, el *burnout* está relacionado con una función ejecutiva disminuida, y la función ejecutiva disminuida está relacionada con déficits de creatividad: Darya L. Zabelina, Naomi P. Friedman, y Jessica Andrews-Hanna, "Unity and Diversity of Executive Functions in Creativity", *Consciousness and Cognition* 68 (2019), pp. 47-56, https:// doi.org/10 .1016/j.concog.2018.12.005.

4. Esta es otra faceta del control ejecutivo reducido (o función ejecutiva) relacionada con el *burnout*. Damasio da una explicación estupenda de las implicaciones sociales de la actividad reducida en la corteza prefrontal: Antonio R. Damasio, "On Some Functions of the Human Prefrontal Cortex", *Annals of the New York Academy of Sciences* 769, no. 1 (1995), pp. 241-52, https://doi.org/10.1111 /j.1749-6632.1995.tb38142.x.

5.David B. Arciniegas, C. Alan Anderson, y Christopher M. Filley,"Executive Function", en *Behavioral Neurology and Neuropsychiatry* (Reino Unido: Cambridge University Press, 2013).

6. Arnsten, "Stress Signalling Pathways That Impair Prefrontal Cortex Structure and Function", pp. 410-22.

7. Johannes Beck, Markus Gerber, Serge Brand, Uwe Pühse, y Edith Holsboer-Trachsler, "Executive Function Performance Is Reduced during Occupational Burnout but Can Recover to the Level of Healthy Controls", *Journal of Psychiatric Research* 47, no. 11 (2013), pp. 1824-30, https://doi.org/10.1016 /j.jpsychires.2013.08.009.

8. Bak, *Henry and Edsel*, pp. 133.

9. Warren K. Bickel, David P. Jarmolowicz, E. Terry Mueller, Kirstin M. Gatchalian, y Samuel M. McClure, "Are Executive Function and Impulsivity Antipodes? A Conceptual Reconstruction with Special Reference to Addiction", *Psychopharmacologia* 221, no. 3 (2012), pp. 361-87, https://doi.org/10 .1007/ s00213-012-2689-x.

10. Pavlos Deligkaris, Efharis Panagopoulou, Anthony J. Montgomery, y Elvira Masoura, "Job Burnout and Cognitive Functioning: A Systematic Review", *Work and Stress* 28, no. 2 (2014), pp. 107-23, https://doi.org/10.1080/02678373 .2014.909545, p. 117.

11. Dorit Ben Shalom, "The Amygdala–Insula–Medial Prefrontal Cortex–Lateral Prefrontal Cortex Pathway and Its Disorders", *Frontiers in Neuroanatomy* 16 (2022), 1028546–1028546, https://doi.org/10.3389/fnana.2022.1028546.

12. Maria Ironside, Michael Browning, Tahereh L. Ansari, Christopher J. Harvey, Mama N. Sekyi-Djan, Sonia J. Bishop, Catherine J. Harmer, y Jacinta O'Shea, "Effect of Prefrontal Cortex Stimulation on Regulation of Amygdala Response to Threat in Individuals with Trait Anxiety: A Randomized Clinical Trial", *Archives of General Psychiatry* 76, no. 1 (2019), pp. 71-78, https://doi.org/10 .1001/ jamapsychiatry.2018.2172.

13. Joseph E. LeDoux, "Emotion Circuits in the Brain", *Annual Review of Neuroscience* 7, no. 2 (2000), p. 274, https://doi.org/10.1176/foc.7.2.foc274.

ACERCA DEL AUTOR

El DR. JONATHAN HOOVER es pastor principal asociado en NewSpring Church en Wichita, Kansas, y director del programa de maestría en psicología general en la Universidad Regent, en Virginia Beach, Virginia. Como comunicador, Jonathan es conocido por su capacidad para integrar la ciencia psicológica y la fe cristiana de una manera fácil de entender. Jonathan es investigador en el campo de la psicología y actualmente está estudiando activamente el *burnout*. Jonathan está casado con su esposa, Wendy, desde 2002, y han sido enormemente bendecidos con dos hijas maravillosas: Cheyenne y Summer.